KB097865

관점 하나 바꿨을 뿐인데

고정 관념을 깨는 35가지 심리 법칙

관점 하나 바꿨을 뿐인데

인쇄일 2023년 10월 12일
발행일 2023년 10월 19일

지은이 이민규
펴낸이 유경민 노종한
책임편집 조혜진
기획편집 유노북스 이현정 함초원 조혜진 **유노라이프** 박지혜 구혜진 **유노책주** 김세민 이지윤
기획마케팅 1팀 우현권 이상운 **2팀** 정세림 유현재 정혜윤 김승혜
디자인 남다희 홍진기
기획관리 차은영
펴낸곳 유노콘텐츠그룹 주식회사
법인등록번호 110111-8138128
주소 서울시 마포구 월드컵로20길 5, 4층
전화 02-323-7763 **팩스** 02-323-7764 **이메일** info@uknowbooks.com

ISBN 979-11-92300-89-4(03190)

• — 책값은 책 뒤표지에 있습니다.
• — 잘못된 책은 구입한 곳에서 환불 또는 교환하실 수 있습니다.
• — 유노북스, 유노라이프, 유노책주는 유노콘텐츠그룹 주식회사의 출판 브랜드입니다.

고정 관념을 깨는
35가지
심리 법칙

관점 하나 바꿨을 뿐인데

이민규 지음

유노
북스

인간은

사물로 인해 고통 받는 것이 아니라

사물에 대한 관점 때문에 고통을 받는다.

- 에픽테토스

프롤로그

인생을 바꾸고 싶은가?
관점을 바꿔라!

인도의 한 왕이 진리에 대해 설파하다가 코끼리 한 마리를 데려오게 했다. 그리고 장님 여섯 명에게 코끼리를 만져 보고 코끼리에 대해 말해 보라고 했다.

그들 중 상아를 만진 장님은 "굵고 긴 무와 같습니다"라고 했고, 귀를 만진 자는 "키와 같습니다"라고 했다. 또한 머리를 만진 자는 "돌과 같습니다"라고 했으며, 코를 만진 자는 "절굿공이 같습니다"라고 했다. 그리고 다리를 만진 자는 "절간의 기둥 같습니다"라고 했고, 배를 만진 자는 "장독 같습니다"라고 했다.

왕은 장님들을 물러가게 하고 신하들을 불러 다음과 같이 말했다.

"보아라, 코끼리는 하나이거늘 저 여섯 장님은 제각기 자기가 만진 것만으로 코끼리를 다 안다고 생각하는구나. 진리를 아는 것도 이와 같으니라."

이는 불교 경전의《열반경》에 좁은 소견으로 사물을 제대로 판단하지 못하는 중생들을 비유하기 위해 소개된 이야기다.

내가 알고 있는 것이 전부라고 착각하지 마라

모든 사물은《열반경》의 코끼리처럼 입체적인 모습을 가진다. 그러나 우리는 각자의 위치나 입장에서 그것을 바라보게 되므로 그 반대편이나 위 또는 아래에서 볼 수 있는 또 다른 실체를 볼 수 없다. 사물의 일면만을 보면서 마치 그것이 전체의 모습이라고 착각한다. 그래서 같은 상황이나 사건을 다르게 해석하고 자기의 생각과 판단만이 옳다고 생각하는 것이다. 모두 관점이 다르기 때문이다.

살아가면서 일어나는 가장 치명적인 문제는 지레짐작과 예단이다. 잘 알지도 못하면서 다 안다고 착각하기 때문에 오해와 갈등이 일어난다. 실수는 자신을 제대로 알지 못해서 일어나고 오해는 상대를 다 안다는 착각에서 시작된다. 인간관계가 됐건 비즈니스가 됐건 모든 문제의 해결은 잘 모른다는 사실을 인정하는 것으로부터 시작된다.

천재 물리학자 스티븐 호킹 박사는 "앎의 가장 큰 적은 무지가 아니라 안다는 착각이다"라고 했다. 미국의 대문호 마크 트웨인 역시 "인간이 곤경에 빠지는 것은 뭔가를 몰라서가 아니다. 뭔가를 확실히 안다는 자기중심의 착각 때문이다"라고 말했다. 우리가 자신, 타인 그리고 세상에 대해 잘 모른다는 것을 받아들이면 더 겸허해지고, 생각을 더 유연하게 바꿀 수 있어 보다 더 지혜로워질 수 있다.

잠시 멈추고 만약을 상상해라

미국 LA에서 6살 아들을 등교시키기 위해 한 엄마가 프리웨이를 달리고 있었다. 차선을 바꾸는 과정에서 손짓으로 양보를 요청했는데도 양보를 해 주지 않자 상대방 운전자에게 소리를 질렀다. 그리고 신경전을 벌이다 화를 참지 못해 손가락 욕을 하고 앞질러 갔다. 그러자 상대 차량이 뒤쫓아와 총을 쐈고 뒷좌석의 아들은 그 자리에서 즉사했다.

이로 인해 아이 엄마는 사랑하는 아들을 평생 가슴에 묻고 살아야 하고, 가해자는 평생을 철창 속에 갇혀 살아야 한다. 하지만 위와 같은 상황에서도 관점을 조금만 바꾸면 평화롭게 각자의 길을 가면서 얼마든지 행복한 삶을 살아갈 수 있다.

운전을 하는데 어떤 차가 깜빡이도 켜지 않고 갑자기 끼어들어 사고가 날 뻔했다. 그런 상황에서 당신은 어떻게 반응할 것인가? 이럴 때 많은 사람이 "운전을 왜 저 따위로 하냐"라면서 화를 내고 욕을 하거나 경적을 울린다. 그리고 이것이 끔찍한 사고로 이어질 수 있다.

너무 놀랐기 때문에 화가 나는 건 당연한 일인지 모른다. 하지만 그럴 때 속으로 '잠깐!' 하면서 이런 생각을 해 보라. '만약 법정스님이 이 운전대를 잡고 있다면?', '만약 내가 김수환 추기경이라면?' 그분들이라면 틀림없이 이러지 않을까?

'아이고, 아주 급한 일이 있는 모양인데 그래도 조심해야죠.'

'무슨 일인지 모르겠지만 바쁘신가 보네요. 먼저 가세요!'

이런 생각을 하다 보면 어느새 상황은 종료되고 욕을 하거나 화를 낼 필요도 없어진다. 난감한 상황에 처할 때마다 나와는 다른 관점에서 그 일을 지혜롭게 해결했을 법한 사람, 즉 법정스님, 김수환 추기경, 마하트마 간디 또는 주변의 어른을 떠올려 보라.

그리고 '이 상황에서 그분이라면 어떻게 말하고 행동할까?' 하고 생각해 보라. 단지 그 사람이라면 했을 법한 말과 행동을 상상하는 것만으로도 우리의 표정과 말투가 달라질 수 있다. 불신과 의심의 관점에서 이해와 공감의 관점으로 생각의 틀이 바뀌기 때문이다.

틀바꾸기 하나로 인생이 달라진다

운전 중 어떤 차가 끼어들려고 하면 어떤 사람은 화를 내면서 앞차와 차간 거리를 좁혀 끼어들지 못하게 한다. 반면에 어떤 사람은 미소를 지으며 차간 거리를 늘려 양보해 준다. 어떤 사람은 열등하지 않은 데도 열등감을 느끼고, 어떤 사람은 열등한데도 열등감을 느끼지 않는다. 사촌이 땅을 사면 어떤 사람은 배 아파하고, 어떤 사람은 점심을 사면서 그에게 배우려고 한다. 모두 사물을 바라보는 관점이 다르기 때문이다. 실연을 당하고도 어떤 사람은 폐인이 되고, 어떤 사람은 시인이 된다. 똑같은 스트레스도 어떤 사람에게는 독이 되고, 어떤 사람에겐 약이 된다.

사람들은 같은 상황에서도 어떤 관점에서 바라보느냐에 따라 전혀 다른 평가를 하고 반응을 보인다. 이처럼 사물과 세상을 이해하는 인식의 틀, 마음의 창 또는 관점을 심리학에서는 '프레임(Frame)'이라고 한다. 프레임은 세상에 대한 이해의 폭을 제한하는 한계로 작용하기도 하지만, 새로운 방향으로 세상을 이해하도록 돕는 수단이 되기도 한다. 그러므로 똑같은 상황에서, 똑같은 일을 겪으면서도 다르게 느끼고 다르게 행동하면서 다른 삶을 살고 싶다면 프레임을 바꿔야 한다. 심리학에서는 이렇게 인식의 틀을 바꾸는 기법을 '리프레이밍(Refraiming)', 즉 '틀바꾸기 기법'이라고 한다.

틀바꾸기를 유연하게 하려면 어떻게 해야 할까?

첫째, 간간이 멈추고 자신의 감정과 행동을 관찰할 수 있는 시간을 가져야 한다. 관찰할 수 없는 것은 변화시킬 수 없고, 지켜보기만 해도 많은 것을 깨달을 수 있다.

둘째, 감정이나 행동이 어떤 프레임에 기인한 것인지 찾아보고 자신의 생각이 틀릴 수도 있다는 것을 받아들인다. 문제를 자각하는 것은 그 자체로 치유의 힘을 가진다.

셋째, 더 바람직한 결과를 만들어 낼 수 있는 대안적인 프레임을 다양하게 찾아봐야 한다. 해결책의 범위가 넓을수록 지혜로운 선택을 할 수 있기 때문이다.

우리 모두는 너나 할 것 없이 각자 나름대로 최선의 선택을 하면서 살아간다. 그렇기 때문에 자신의 생각이나 판단이 가장 합리적이라고 착각하기 쉽다. 그러나 인간은 결코 합리적인 존재가 아니다. 단지 합리적이려고 애를 쓰는 존재일 뿐이다. 성장과 발전을 원한다면 지금까지의 생각과 관점에 대해 의문을 가져야 한다. 내 생각이 틀릴 수도 있다는 것을 인정하지 않으면 자기기만과 합리화를 반복하면서 지금까지의 패턴을 반복할 수밖에 없기 때문이다.

자신, 타인, 세상에 대한 관점이 달라지면 태도가 달라지고 태도가 달라지면 행동이 달라진다. 행동이 달라지면 사람들의 반응이 달라지고 결과적으로 인생이 달라진다. 새로운 관점을 취하고 싶다면 가장 먼저 자기만의 고정 관념을 파악해야 한다. 그리고 거기에서 벗어나야 한다. 낡은 가구를 치우지 않으면 방에 새 가구를 들여놓을 수 없듯이 고정 관념에서 벗어나지 못하면 새로운 관점을 취할 수 없다.

사람들이 흔히 갖고 있는 고정 관념을 보다 깊이 이해하고, 타인 및 세상에 대한 관점이 우리의 삶에 어떤 영향을 미치는지를 알려 주기 위해 이 책을 썼다. 독자 여러분 모두 자신과 다른 사람 그리고 세상에 대한 관점을 되돌아보고, 보다 긍정적인 방향의 틀바꾸기를 통해 지금보다 더 행복하고 성공적인 삶을 살아가면서 세상에 선한 영향력을 끼칠 수 있기를 소망한다.

저자 이민규

lmk@ajou.ac.kr

· 차례

프롤로그 인생을 바꾸고 싶은가? 관점을 바꿔라! **005**

PART 1
어떻게 보면 마음이 편안해질까
오류를 깨는 마음의 법칙

01 **빈틈 효과** · 2% 부족한 그 사람이 더 사랑받는 이유 **017**
02 **반발 효과** · 멈출 수 없다면 더 많이 하세요 더! **023**
03 **조건 반사** · 나비가 예쁜 이유는 꽃에 있기 때문이다 **032**
04 **동일시** · 명품이 자존감을 높인다는 환상 **038**
05 **자극 일반화** · 지금까지의 경험이 전부가 아니다 **043**
06 **방어적 귀인** · 원인을 나에게 돌려라 **048**
07 **자기 이행적 예언** · 믿음은 우연이 되고 우연은 운명이 된다 **054**
08 **자기 불구화** · 만일의 실패에 대비하지 마라 **061**
09 **터널 시야 현상** · 운전대만 잡으면 사람이 달라지는 이유 **069**
10 **감정 명료화** · 좋아, 싫어 이외의 감정을 알면 달라지는 것 **077**
11 **A형 성격** · 질병에 취약한 성격이 따로 있다 **083**
12 **제로섬 게임** · 사촌이 땅을 사면 밥부터 사라 **091**

PART 2
어떻게 보면 인간관계가 좋아질까
편견을 깨는 관계의 법칙

13 **로미오와 줄리엣 효과** · 낭만적인 사랑에는 고난이 필요하다 **103**
14 **정화 효과** · 뒷담화가 무조건 나쁠까? **109**
15 **개인적 공간** · 가까워지고 싶다면 한 발짝 물러서라 **116**

16 눈 맞춤 • 눈이 입보다 더 많은 말을 한다 123
17 욕구 상보성 가설 • 차이점에 끌리고 공통점으로 유지된다 131
18 단순 노출의 효과 • 에펠탑이 사랑받는 데는 비밀이 있다 136
19 낙인 효과 • 이름 옆에 꼬리표를 떼라 142
20 피그말리온 효과 • 원하는 대로 믿고 바라는 대로 말하라 150
21 마법의 비율 • 첫인상을 뒤집는 5:1의 법칙 156
22 유사성의 효과 • 상대의 마음을 얻는 아주 단순한 행동 161
23 나 전달법 • 당신은 얼마든지 비난하지 않을 수 있다 167

PART 3
어떻게 보면 인생이 더 행복해질까

현실을 깨는 인생의 법칙

24 시간 축소 효과 • 노인의 시간은 실제로 빠르게 흐른다 177
25 파랑새 증후군 • 비둘기를 파랑새로 바꾸는 방법 186
26 정서의 말초설 • 울면 안 된다는 어리석은 주장 194
27 자이가르니크 효과 • 가장 기억에 남는 결말은 미완결이다 202
28 바넘 효과 • MBTI에 과몰입하면 안 되는 이유 208
29 행위자 관찰자 편향 • 내가 하면 로맨스 남이 하면 불륜 216
30 문간에 발 들여놓기 기법 • 작게 시작해야 원하는 것을 얻는다 224
31 머리부터 들이밀기 기법 • 50만 원을 원하면 500만 원을 요구하라 232
32 모델링 • 보고 배우는 버릇, 보고도 배우지 않는 버릇 239
33 허구적 일치성 효과 • '요즘 애들'은 계속 버릇이 없었다 248
34 완결성의 법칙 • 몇 다리 건너 들은 것에 속지 마라 256
35 이차적 평가 • 독이 되는 스트레스 약이 되는 스트레스 263

PART 1

어떻게 보면 마음이 편안해질까

오류를 깨는 마음의 법칙

01

2% 부족한 그 사람이 더 사랑받는 이유

| 빈틈 효과 |

우리는 완벽한 사람보다 약간 빈틈 있는 사람을 더 좋아한다.
실수나 허점이 오히려 그 사람의 매력을 증진시키기 때문이다.

- 캐시 애론슨

사람들은 누구나 실수하기 싫어한다. 어디서 무슨 일을 하든지 잘하고 완벽한 모습을 보여 주고 싶어 한다. 하지만 실제로 사람들은 지나치게 완벽한 사람보다 가끔은 실수하고 다소 허점이 있는 사람을 더 좋아한다. 이를 심리학에서는 또는 '빈틈 효과(Pratfall Effect)' 또는 '실수 효과'라고 한다.

사람들이 실수를
긍정적으로 평가하는 이유

독일의 만하임대학교 연구 팀은 가상 시나리오와 실제 상황에서 모두 빈틈 효과를 확인했다. 수백 명의 실험 참가자에게 스스로 취약점을 드러내는 상황과 다른 사람의 허점을 관찰하는 상황에서 자신과 타인을 평가하게 했다. 자료 분석 결과, 두 상황 모두 다른 사람이 약점을 드러내거나 실수를 솔직하게 인정할 때 훨씬 더 긍정적으로 평가했다.

애론슨이라는 심리학자는 대학생들을 대상으로 빈틈이 있는 사람을 더 매력적이라고 생각하는지의 여부를 확인했다. 그는 학생들에게 퀴즈왕 선발 대회 녹음테이프를 들려줬다. 퀴즈왕 선발 대회에 출전한 인물 중 한 사람은 모든 문제를 거의 완벽하게 풀었다. 정답률은 92%였다. 다른 사람은 문제를 제대로 풀지 못했다. 정답률은 30%였다.

그리고 대회가 끝난 후 출연자가 사회자와 이야기하는 것을 학생들에 따라 다르게 들려줬다. 한 조건에서는 출연자가 자기 옷에 커피를 쏟으면서 자기가 평소에도 실수를 자주 한다며 개인적인 실수담을 털어놓았다. 반면에 다른 조건에서는 출연자가 아무런 허점도 보이지 않았다.

녹음을 듣고 난 다음 학생들에게 출연자들이 얼마나 매력적으로 느껴지는지 평가하게 했더니 문제를 잘 못 푼 사람보다 완벽하게 푼 사람을 더 매력적이라고 평가했다. 그중에서도 인터뷰에서 실수했던 출연자를 가장 매력적이라고 평가했다.

확실히 멋진 사람이 빈틈을 보이면 더 멋있어 보인다. 오래전 아카데미 시상식에서 알 파치노가 남우 주연상을 받을 때였다. 그는 잔뜩 긴장한 모습으로 주머니에서 수상 소감을 적은 쪽지를 꺼내 더듬거리며 읽었고, 그가 소감을 끝내자 청중은 어떤 수상자에게보다 많은 환호와 박수를 보냈다. 그 이유는 명배우답지 않게 긴장하는 모습에 인간적인 매력을 느꼈기 때문이다.

그래서 너무 완벽한 나머지 도도하게 느껴지는 연예인이나 유명인이 방송에 나와 작은 실수를 하거나 실수담을 털어놓으면 오히려 시청자들에게 더 호감을 얻는다. 아주 잘생긴 것도 아니고, 말을 유창하게 잘하는 것도 아니고, 특별한 장기가 있는 것도 아닌데 롱런하는 연예인이 그 예다. 그중 한 연예인은 이렇게 말했다.

"시청자들이 제 어리바리한 이미지 때문에 실수에도 관대한 것 같습니다."

실제로 그의 최고 장기는 어리바리한 이미지로 시청자들을 웃기는 것이다. 그렇다면 사람들이 완벽하다고 생각했던 사람이 부족한 모습을 보일 때 매력을 느끼는 이유는 무엇일까?

첫째, 유명인이 실수를 저지르면 웃음을 유발할 뿐 아니라 그 사람이 자기와 별 차이가 없는 비슷한 사람이라는 동질감을 느낄 수 있기 때문이다.

둘째, 개인적인 실수담을 털어놓거나 빈틈을 보이면 그가 위선적이지 않고 정직한 사람이라고 평가하기 때문이다.

셋째, 상대방이 실수를 하거나 빈틈을 보이면 자기도 왠지 그런 실수를 하거나 빈틈을 보여도 괜찮을 거라고 생각하면서 안도하기 때문이다.

완벽한 사람이 빈틈을 보이면 더 멋있어 보인다

아마존의 어느 원주민 부족은 구슬 목걸이를 만들 때 일부러 흠집 난 구슬을 1개씩 끼운다. 그들은 이 구슬을 '영혼의 구슬'이라고 부른다. 영혼을 지닌 어떤 존재도 완벽할 수 없다고 믿기 때문이다.

고대 페르시아의 카펫 직조공들 역시 카펫을 짤 때 정교하고 아름다운 문양에 의도적으로 흠을 하나씩 남겼다. 오직 신만이 완벽하며, 인간은 불완전한 존재라고 믿기 때문이다. 이것을 '페르시아의 흠'이라고 한다.

이 두 가지 이야기는 완벽한 행복과 완전한 삶에 집착하는 우리에게 불완전함이야말로 지극히 인간적인 것이라는 가르침을 준다. 완벽함을 추구하려고 애쓰지 말고 불완전함을 받아들이라는 것이다.

실수도 하지 않고, 빈틈도 보이지 않으면서 지나치게 완벽하려고 하면 오히려 완벽과 더 멀어진다. 쉽게 지치고 앞으로 나아가지 못하기 때문이다. 지나치게 잘하려고 해서 오히려 더 잘할 수 없는 것을 '완벽의 마비(Paralysis of Perfection)'라고 한다. 자신의 불완전성을 받아들이면서 가끔 실수도 하고 빈틈을 보일 줄 아는 사람은 자신에게도, 다른 사람에게도 너그러울 수 있다.

너무 똑똑하거나 완벽하면 사랑받기 어렵다. 예를 들어 너무 완벽한 사람은 집에 가도 배우자에게 상사처럼 행동할 것이다. 잘못한 일을 야단치고, 잔소리하고, 지적하며 배우자의 실수를 용납하지 않을 것이다. 그럼 배우자는 그가 집에만 들어오면 숨이 막히고, 어떻게 행동해야 할지 몰라 계속 긴장할 수밖에 없다. 배우자가 원하는 사람은 완벽한 사람이 아니다. 가끔은 실수도 하고, 조금은 허술해서 내가 잔소리도 좀 하고 챙겨 주고 싶은 사람이다.

실수 없이 살아가려니 힘들지 않은가? 어떤 사람과 친밀하게 지내고 싶다면 너무 완벽한 모습만 보여 주려고 하지 마라. 피곤하고 힘들다며 하소연도 하고, 때로는 일부러라도 부족한 모습을 보여라. 그래야 상대방도 나를 도와주면서 스스로 존재감을 느낄 수 있다. 유리는 빈 공간이 없기 때문에 물이 스며들 수 없다. 하지만 스펀지는 빈틈이 많아 물이 쉽게 스며든다. 사람도 마찬가지로 빈틈을 보여야 상대가 그 틈새로 비집고 들어올 수 있다.

사람들은 뭐든 잘하고 잘난 사람을 좋아한다. 하지만 너무 잘나거나 완벽한 사람보다 가끔은 실수를 하고 빈틈을 보이는 사람을 더 좋아한다. 그러므로 너무 완벽하려고 애쓸 필요는 없다. 부족한 면을 진솔하게 보여 주면 오히려 동질감과 친밀감이 느껴져 사람들이 더 좋아한다. 실수를 감추지 말고, 진솔하게 자신의 부족한 점을 드러내면서 다른 사람들이 스며들 수 있는 틈을 제공하라.

02

멈출 수 없다면 더 많이 하세요 더!

| 반발 효과 |

금지된 것만큼 매혹적인 것은 없다.

- 프랑수아 라블레

모처럼 마음먹고 공부 좀 하려는데 "제발 공부 좀 해라"라는 말을 들으면 공부하려는 마음이 싹 가시기 마련이다. '낙서 금지'라고 써 있으면 낙서할 생각이 전혀 없다가도 뭔가 낙서를 해야 할 것 같은 마음이 든다. 하라고 하면 하기 싫고, 하지 말라고 하면 더 하고 싶은 것이 사람의 마음이다.

사람들은 자신의 자유 의지를 훼손하는 압력이 가해질 때 자유 의지를 회복하기 위해 저항하고 반발하는 경향이 있다. 이를 심리학에서는 '반발 효과(Reactance Effect)'라고 한다. 심리학자들은 반발 효과를 엄마 개구리가 시키는 것과 정반대로만 했던 아기 청개구리 이야기에 빗대어 '청개구리 효과'라고도 한다.

그래서 아이들은 하지 말라는 욕은 가르쳐 주지 않아도 어디선가 잘도 배워 온다. "이거 아무한테도 말하지 마" 하면 더 소문내고 싶고, 수업 시간에 몰래 먹는 도시락이 점심시간에 먹는 것보다 더 맛있으며, 치통이 있으면 왠지 오징어가 더 먹고 싶다.

뭔가를 금기시하는 것은 자유에 대한 도전이다. 자유 의지가 도전받게 되면 자유를 회복하려는 성향이 강해지기 때문에 하지 말라는 것은 하고 싶고, 하라는 것은 그만두고 싶다. 그래서 수학여행 때 선생님들이 "밤에 놀지 말고 일찍 자거라" 하시는 말씀을 학생들은 "밤새워 재미있게 놀아라"라는 말로 듣는다.

인간은 금지된 것을 욕망한다

오래전에 어떤 제과 회사에서 기발한 광고를 낸 적이 있다. 새로 개발한 껌 광고에 '여성 전용 껌'이라는 문구를 삽입한 것이다. 여성만을 위한 껌이라며 암묵적으로 남성에게 그 껌을 구입하지 말라는 메시지를 전달해 반발 심리를 유도했다. 실제로 금기에 대한 호기심과 반발심 때문에 남성이 이 껌에 더 많은 관심을 가져 판매고가 현저하게 높아졌다.

만약 공사판 담벼락에 구멍을 뚫어 놓고 그 밑에 "경고! 절대 들여다보지 마시오!"라고 써 놓으면 사람들은 어떤 행동을 보일까? 당연히 아무것도 써 있지 않을 때보다 더 많은 시선을 줄 것이다. 이런 심리적 반발 효과 때문에 '훔쳐 먹는 사과가 더 맛있다'는 말이 나온 것이다.

심리학자 베이커와 샌더스는 대학교 화장실에 낙서하지 말라는 경고문을 부착했다. 그리고 경고문을 강경하고 엄하게 쓴 화장실과 부드럽게 쓴 화장실의 낙서 정도를 비교했다. 그 결과, 강경하고 엄한 경고문을 붙인 화장실에서 낙서가 훨씬 더 많이 발견됐다. 말리는 정도가 심해지면 반발심도 그만큼 늘어나기 때문이다. 그래서 '청소년 관람 불가'를 강조해서 홍보하는 영화를 청소년들은 기를 쓰고 보려는 것이다.

언젠가 한번 나는 수업 도중 갑자기 말을 멈추고 창밖을 쳐다본 적이 있다. 의아해하는 학생들에게 "지금부터는 절대로 침을 삼키지 마세요. 가능한 한 오래 참아 보세요"라고 말했다. 그리고 나서 "참기가 힘들어지면 손을 들어 보세요"라고 덧붙였다. 불과 몇 분 안 돼서 학생들은 하나둘, 손을 들기 시작했다. 의식하지 않을 때는 몰랐는데, 막상 참으라고 하니까 참기가 어려워진 것이다.

옷 가게의 점원들은 알게 모르게 고객들의 청개구리 심리를 이용한다. 점원이 권하는 옷을 선뜻 사는 사람은 별로 없다. 점원이 권하는 대로 옷을 산다는 것은 나의 자유를 포기하는 것이며, 점원의 요구에 복종하는 것을 의미하기 때문이다.

하지만 어떤 점원이 "고객님, 이 디자인이 품질도 좋고 대세긴 한데 가격이 좀 비싸죠?"라고 정중하면서도 은근히 살 수 없을 것이라는 메시지를 전하면 "비싸니까 못 살 것 같다고?", "사람을 뭐로 보고…" 하는 반발심이 발동해 충동적으로 구입할 수 있다.

부부 싸움을 하고 난 후 집을 나와서 남편을 욕하는 친구를 다시 가정으로 돌아가게 하는 방법은 의외로 간단하다. 친구보다 더 심하게 남편을 비방하고 욕을 해 대면 어떤 생각이 들겠는가? 처음에는 자신의 입장을 이해해 주는 친구가 고마울지 모른다. 그러나 남편을 향한 비난의 강도가 심해지면 점차 이에 대한 반발심이 생기기 시작한다.

"너도 참 답답하다. 그런 무능한 남편하고 살아온 너를 이해할 수 없다", "이제는 미련 없이 헤어지는 것이 좋지 않겠니?" 하는 말까지 들으면 이제는 남편에 대한 미움이 친구에게로 향한다. 이와 동시에 '내가 너무 심했나? 사실 나도 잘못이 있는데'라는 생각이 들어 이혼까지 불사하겠다는 생각을 슬그머니 거두는 것이다.

더 하게 만들고
더 하지 않게 만드는 방법

심리적 반발 효과를 절묘하게 활용한 아주 우아한 심리 치료 기법이 있다. 빅터 프랭클이 개발한 '역설적 의도'라는 치료 기법이다. 심한 손떨림 증상 때문에 빅터 프랭클을 찾아온 48세의 여성 환자는 손을 너무 심하게 떨어 커피를 흘리지 않고서는 커피 잔을 잡을 수도 없다고 호소했다. 프랭클은 간단한 방법으로 손떨림 증상을 치료했다.

치료자: 자! 지금부터 나하고 손 떨기 시합을 한번 해 봅시다.

내담자: 그게 무슨 뜻입니까?

치료자: 우리 두 사람 중 누가 더 빨리, 더 오랫동안 손을 떨 수 있는지 내기를 하자는 겁니다.

내담자: 선생님도 손을 떠는지 몰랐어요.

치료자: 나는 원래 손을 떨지 않지만, 내가 원한다면 얼마든지 떨 수 있어요.(매우 빠르게 손을 떤다.)

내담자: 선생님이 저보다 손을 더 심하게 떨 수 있네요.(웃으면서 더 빨리 손을 떤다.)

치료자: 그보다 더 빨리 떨어 보세요. 부인, 지금보다 훨씬 더 심하게 떨어야 합니다.

내담자: (한참을 계속 떨다가) 더는 안 되겠어요! 이제 그만 할

래요! 더는 계속할 수가 없어요.

면담 후에 그녀는 피곤한 기색이 역력했다. 하지만 커피 잔을 들어 보라고 하자 커피를 한 방울도 흘리지 않고 들었다. 그리고 손을 떨지 않고 커피를 마셨다.

심리적 반발심을 이용한 역설적 의도 기법은 불면증 치료에도 적용할 수 있다. 자야 하는데 잠이 안 오면 점점 더 불안해진다. '내일 출근하려면 빨리 자야 하는데 잠이 안 오면 어떡하지?', '나는 내일 중요한 시험이 있어!' 같은 불안한 생각들이 머릿속에 맴돌면서 잠을 자야 한다는 생각에 더 강박을 느낀다.

잠에 대한 압박과 불안은 교감 신경계를 흥분시키고, 잠에 들어야 한다는 생각은 긴장감을 고양시키기 때문에 점점 더 잠들기가 어려워지는 악순환에 빠진다. 이처럼 스스로에게 잠을 자라고 말하면 정반대로 잠이 오지 않고 불안해진다. 이때 세 가지 자기 지시를 통해 역설적 의도 기법을 스스로 처방할 수 있다.

첫째, '얼른 자야 할 텐데' 대신 '무슨 일이 있어도 잠들지 말자'라고 생각한다.

둘째, '내일 졸리지 않아야 할 텐데'라고 생각하지 말고 '내일은 최대한 졸려야지'라고 생각한다.

셋째, 잠들기 위해 눈을 감는 대신 '절대 눈을 감지 않겠다'고 생각한다.

이렇게 하면 우리 마음속의 청개구리가 자기 지시에 반발해서 자기도 모르게 잠들도록 도와준다.

엘리언이라는 심리학자는 만성 정신 분열증 환자가 보이는 문제 행동 중의 하나를 다음의 방법으로 치료한 바 있다.

그가 치료한 환자는 47세의 여자로 무려 9년 동안이나 정신병원에 입원해 있었다. 그녀의 여러 가지 증상 중 하나는 남의 수건을 훔쳐 자기 병실에 접어서 쌓아 놓는 것이었는데, 항상 자기 방에다 수건을 20여 장씩 쌓아 놨다. 간호사들은 그녀가 쌓아 놓은 수건을 치우고, 회유와 위협 등 온갖 수단을 동원해서 말려 보기도 했다. 그럼에도 남의 수건을 훔치는 행동을 그만두지 않아 다른 환자들과 마찰을 일으켜 병실에서는 소란이 끊이질 않았다.

치료 프로그램이 시작되면서 앨리언은 병동 간호사들에게 이 환자의 수건 모으기 행동을 말리지 말고, 오히려 수건을 갖다 주도록 지시했다. 여태 갖다 놓기만 하면 치우고 야단치던 간호사들이 수건을 갖다 주기 시작하자 환자는 고마워하면서도 한편으로는 의아해했다.

첫째 주에는 매일 평균 7장의 수건을 건네줬으나 매주 수건의 양을 늘려 셋째 주부터는 그 수를 60장으로 늘렸다. 방에 모아 둔 수건이 625장이 되자 그녀는 수건을 내다 버리기 시작했다. 그리고 프로그램이 시작한 지 6개월이 지난 후에는 자신에게 필요한 수건 한두 장만 가지려 했다. 좋아하는 것도 물리면 싫어지기 마련이다. 이런 치료 방법을 심리학에서는 '자극 포만 기법'이라고 한다. 환자의 행동과 태도의 변화는 다음의 기록으로 남아 있다.

'간호사가 수건을 갖다 주기 시작한 첫 주에는 수건으로 뺨을 두드리고 좋아했으나, 나중에는 600여 장의 수건을 접거나 쌓아 놓는 일로 깨어 있는 동안의 대부분의 시간을 보냈다. 그러나 방 안에 쌓인 수건이 600장을 넘어서면서부터 수건을 지겨워하기 시작했다.'

첫째 주: 간호사가 수건을 가지고 가면 반가워하면서 고마움을 표시했다.

둘째 주: "더는 수건을 가져오지 말아요. 이젠 충분해요."

셋째 주: "이 수건들을 가져가요. 밤새 수건을 접느라고 앉아 있을 틈이 없었어요."

넷째와 다섯째 주 : "이 더러운 수건을 여기서 치워요!"

여섯째 주: 수건을 방 밖으로 갖다 버리면서 간호사에게 말했다. "이 수건들을 어떻게 할 수가 없어요. 제발 좀 수건을 치워 주세요."

 KEY POINT

누군가 하라면 하기 싫고, 하지 말라고 하면 더 하고 싶다. 인간에게는 자유 의지를 지키려는 강한 본능이 있기 때문이다. 그래서 자유 의지를 훼손당하면 강력하게 반발한다. 그러므로 누군가를 효과적으로 설득하려면 설득 과정에서 상대방의 심리적 반발심이 어떻게 작동할 수 있는지를 먼저 고려해야 한다.

03

나비가 예쁜 이유는 꽃에 있기 때문이다

| 조건 반사 |

생물체의 행동은 환경 자극에 의해 결정된다.

- 이반 파블로프

"비도 오고 그래서 네 생각이 났어."

가수 헤이즈의 노래 〈비도 오고 그래서〉의 첫 소절이다. 비가 올 때마다 어떤 사람과 함께 있었다면 그 사람이 없어도 비가 오면 생각나기 마련이다. 맑은 날이 궂은 날보다 더 많을 텐데 사랑을 담은 노래는 눈이나 비 또는 안개와 같이 궂은 날을 주제로 한 것이 더 많다. 좋아하는 사람이야 비 오는 날에도 만나지만, 별 볼 일 없는 사람을 궂은 날에 만나는 경우는 드물기 때문이다.

파블로프의 개와 사랑의 공통점

과거에 경험한 자극을 제시하면 그 상황에서 나타났던 반응이 다시 나타나는 것을 심리학에서는 '조건 반사(Conditioned Reflex)' 또는 '조건 형성(Conditioning)'이라고 한다.

러시아의 생리학자이자 심리학자인 이반 파블로프는 실험실에서 사육하던 개의 행동을 관찰해 조건 반사 현상을 규명했다. 파블로프의 실험 조수는 개에게 먹이를 주는 일을 맡고 있었다. 실험실의 개가 처음부터 조수의 발자국 소리를 듣고 침을 흘린 것은 아니었다. 그러나 어느 순간부터 조수가 실험실에 들어오기만 해도 침을 흘리기 시작했다. 이를 관찰한 파블로프는 개에게 종소리를 들려준 후에 고깃가루를 주는 실험을 했다.

이런 일을 몇 번 반복하자 개는 종소리만 들어도 곧바로 침을 흘리기 시작했다. 여태 볼 수 없었던 행동이 새롭게 나타난 것이다. 이처럼 개가 종소리를 듣고 침을 흘리는 것이 조건 반사다. 종소리가 조건 자극인 고깃가루와 함께 반복적으로 제시됐기 때문이다.

사람도 개와 마찬가지로 조건 반사를 통해 여러 가지 행동을 학습한다. 예를 들어 신생아에게 '딱' 소리를 들려주고 눈꺼풀에 바람을 불어 눈을 깜박이게 해 보라. 이것을 몇 번만 반복하면 아이는 '딱' 소리만 들려줘도 눈을 깜박인다.

사랑을 하면 아까운 것이 없다. 그래서 라면만 먹는 사람도 좋아하는 사람이 생기면 평소에는 얼씬도 하지 않던 분위기 있는 레스토랑에 가기도 하고, 관심도 없던 연극을 함께 관람하기도 한다. 이렇게 매번 기분 좋은 경험을 하면 그런 긍정적 자극과 함께 상대방에게도 호감을 느껴 점차 가까워진다.

의도야 어떻든 조건 형성의 원리가 작용한 것이다. 고상한 분위기나 맛있는 음식, 감동적인 연극은 사람들을 즐겁게 만든다. 기분이 좋을 때마다 어떤 사람을 만나면 그 사람에 대한 호감도 증가한다. 마치 개가 고깃가루와 함께 제시됐던 종소리만 듣고도 침을 흘렸듯이 말이다. 인정하고 싶지는 않겠지만, 사랑이란 단지 무드 있는 분위기와 함께 나타난 한낱 종소리에 불과한 것인지도 모른다.

광고주들은 이런 원리를 이용해서 소비자가 자기 회사의 제품을 사도록 유도한다. 음료수 광고나 화장품 광고에서 신선한 재료와 아름다운 모델이 등장하는 것도 조건 반사를 이용한 것이다.

특정한 상황이
특정한 행동을 일으킨다

나비와 바퀴벌레 중 어떤 것이 더 예쁜가? 말할 것도 없이 나비는 예쁘고 바퀴벌레는 징그럽다. 생김새의 차이라고 말할지 모르겠으나 자세히 들여다보면 바퀴벌레에서도 환상적인 구석을 찾을 수 있다. 그러나 아무도 그것을 찾으려 하지 않는다.

만약 바퀴벌레가 나타나는 곳은 아름다운 꽃이고, 나비가 나타나는 곳은 시궁창이나 수챗구멍 같은 곳이라면 어떨까? 그럼 아마도 나비를 더럽다고 생각할 것이다. 더럽고 불쾌한 자극과 짝지어 제시됐기 때문이다. 이처럼 어떤 것을 혐오스럽게 생각하는 것을 '혐오적 조건 형성(Aversive Conditioning)'이라고 한다. 똑같이 털 달린 짐승이라도 한방에서 자고, 한집에서 밥 먹는 애완 강아지는 귀엽다. 그러나 쓰레기통을 뒤지는 도둑고양이는 싫다. 이것도 일종의 혐오적 조건 형성이다.

부모가 잠깐 한눈을 판 사이에 아이가 뜨거운 국물을 엎질러 화상을 입는 경우가 있다. 이럴 때 혐오적 조건 형성 원리를 이용하면 아이의 화상을 사전에 예방할 수 있다. 아이의 손가락을 잡아 뜨거운 냄비에 살짝 갖다 대고 얼른 떼면 아이는 뜨겁고 놀라서 운다. 이때 '따' 소리를 들려주면 더욱 효과적이다. 아이가 싫어하더라도 몇 번만 이것을 반복하면 아이는 냄비만 보면 피한다. 이외에도 아이가 위험한 물건에 접근할 때 멀리서라도

'따' 소리를 들려주면 주춤하고 접근을 멈출 것이다.

내가 상담한 사람 중에 대인 공포증이 심한 남자 대학생이 한 명 있었다. 그는 사람들 앞에서 노래를 부를 때나 미팅을 할 때 그리고 낯선 사람과 이야기할 때 얼굴이 빨개지는 문제가 있었다. 그래서 사람 만나는 것이 싫다고 했다.

하지만 그가 가지고 있던 제일 심각한 문제는 학교 화장실에서 볼일을 보는 것이었다. 사람들이 옆에 있으면 소변이 나오지 않아서 볼일을 보려면 빈 화장실을 찾아가야 했기 때문이다. 이 학생에게 사용했던 행동 치료 기법 중 하나가 바로 조건 형성 절차를 적용한 것이었다. 집에서부터 훈련을 하도록 했는데, 소변을 더는 견디기 어려울 때까지 참았다가 세면대의 수도꼭지를 틀어 물소리를 들으며 소변을 보게 했다. 한 달의 훈련이 끝난 후 이 학생은 공중화장실에서도 소변을 볼 수 있게 됐다.

사람들은 특정한 상황에서 특정한 행동을 한다. 교회나 도서관에서는 조용히 말하지만, 클럽이나 술집에서는 큰 소리로 떠든다. 초록불이 켜지면 횡단보도를 건너고, 빨간불이 켜지면 걸음을 멈춘다. 거실 소파에서 혼자 TV를 볼 때와 진료실에서 의사와 면담할 때의 자세는 다르다. 모두 자극 상황이 다르기 때문이다.

KEY POINT

박테리아부터 인간에 이르기까지 모든 생물체는 환경 자극의 영향을 받아 왔다. 그러므로 자신과 다른 사람의 행동을 이해하려면 행동을 유발하는 자극을 이해해야 하고, 행동을 변화시키고 싶다면 행동을 유발하는 자극 상황을 바꿔야 한다. 누군가와 좋은 관계를 유지하고 싶다면 내가 상대방에게 어떤 자극으로 작용하는지 살펴야 하고, 마음의 평화를 유지하고 의미 있는 삶을 살고 싶다면 행복을 유발하는 자극을 주변에 배치해야 한다.

04

명품이 자존감을 높인다는 환상

| 동일시 |

당신이 불행한 사람이라고 느낀다면 당신만이 삶을 행복하게 만들 수 있는 유일한 사람이라는 사실을 깨닫는 것이 중요하다.

- 리처드 칼슨

영화를 보거나 소설을 읽을 때 사람들은 자기도 모르게 주인공 편을 들거나 그 사람과 '동일시(Identification)'한다. 등장인물이 한두 명이 아님에도 못생기고 비열하며 당하기만 하는 인물을 자신과 동일시하는 경우는 거의 없다. 한결같이 매력적이거나 강한 힘을 가진 주인공을 자기와 동일시한다.

사람들은 실력 있는 사람이나 매력적인 사람을 좋아하며 인기가 많은 사람과 가까이 지내고 싶어 한다. 인기 연예인에게 팬들이 몰리는 것이나 실세 정치 지도자에게 사람들이 몰리는 것도 강한 자와 한편이 되고 싶기 때문이다. 그래서 사람들은 유명한 사람에 대해 남보다 더 많이 알고 있는 것을 자랑으로 삼는다. 남들에게 "그 드라마에 나오는 배우 있잖아. 실물로 보니까…" 라고 말하면서 인기 연예인과 조금이라도 가까이 있었음을 과시하고 싶어 한다.

왜 대세에 끌리고 메이커에 홀릴까?

세일즈맨이 물건을 팔기 위해 흔히 쓰는 수법 중 하나가 대세를 내세우는 것이다. 대세를 강조하는 것이 더 큰 설득력을 갖기 때문이다.

"요즘은 건조기가 필수예요."
"요즘 부모치고 자녀에게 영어 교육 안 시키는 사람 있어요?"

이처럼 메시지에 '당신만 뒤처지고 있다'는 의미를 숨겨 대세에 따르지 않았을 때 받을 불이익에 대한 불안감을 유발한다. 무조건 자신의 물건을 구입하는 것이 좋다는 말보다 훨씬 효과적이다. 거기다가 "그 동네 사시는 그 유명한 교수님 있잖아요. 그 댁 아이들도 하고 있어요"라고 한마디 덧붙이면 더욱더 효과적이다. 이와 같은 이유에서 유명 탤런트가 입고 나온 옷이나 액세서리 혹은 머리 스타일이 유행하고, 연속극에 등장하는 가구들이 불티나게 팔리는 것이다.

옷을 살 때나 신발을 살 때 가장 먼저 살피는 것이 상표다. 아무리 좋은 물건이라도 일류 메이커의 상표가 떡하니 붙어 있지 않으면 거들떠보지도 않는다. 활동성이 앞서야 할 운동화나 티셔츠, 청바지조차도 돈 냄새가 배어 있어야 구미가 당긴다.

"이건 메이커도 아닌 제품이네요. 그런데 왜 이렇게 비싸요?"

흔히 듣는 말이다. 사람들은 물건의 품질이나 효용성을 따질 수 없는 경우에는 비싼 것을 사야 안전하다고 생각한다. 게다가 비싼 것을 써야 남에게 꿀리지 않으며, 그만큼 능력과 가치가 있는 사람처럼 보인다고 생각한다. 부모가 워낙 유명 메이커를 찾아 대니 요즘에는 어린아이조차도 유명 회사의 옷이나 신발만 찾는다. 값은 따지지 않은 채 심지어는 가짜라도 그저 메이커만 찾는다. 일류라는 간판을 단 사람의 말이라면 검은 것을 희다고 말해도 믿기 때문이다.

권위에
기대지 않으려면

우리나라 사람들의 일류 선호도는 가히 세계적인 수준이다. 상품만이 아니다. 출신 대학이나 직책, 사회적 신분 등으로 인품을 결정하는 것도 메이커를 선호하는 습성과 무관하지 않다.

사람들이 권위 또는 일류라는 단어에 약해지는 이유가 있다. 강한 자나 매력적인 사람들과 같이 있으면 얻는 것이 많기 때문이다. 잘생긴 사람은 옆에서 보고만 있어도 기분이 좋아지고, 권력을 가진 사람과 친하면 그만큼 받을 수 있는 도움이 많다. 사람들은 부담스러워 하기보다 보상을 추구하는 성향이 더 강하기 때문에 일류의 편에 서고 싶어 하는 것이다.

개인으로서 자신의 모습이 어떤지도 중요하지만, 어떤 집단에 속해 있느냐가 자아상에 중요한 영향을 미친다. 긍정적인 자아상을 형성하기 위해서는 내 주변에 있는 사람들이 그럴듯해야 한다. 유명하고, 똑똑하며, 힘 있는 사람이 주변에 많으면 나의 자존감이 올라가기 때문이다. 이를 '자존감 고양 효과(Self-Esteem Enhancing Effect)'라고 한다.

"누구를 닮았어요? 엄마는 미인인데, 딸은 영 딴판이네요"라는 말을 들었을 때 기분 좋을 엄마는 없을 것이다. 상대방이 나를 욕한 것은 아니지만, 내가 속한 가족이라는 집단을 욕했기 때문이다.

알려지지 않은 브랜드에서 만든 싸구려 옷을 입고 있으면 왠지 주눅이 드는 것도 똑같은 이유다. 대세나 강한 자 앞에서 쉽게 작아지고, 그들의 옆에 서기 위해 기를 쓰고 접근하며, 메이커에 사족을 못 쓰는 사람들은 대체로 자존감이 낮다. 자신감 있고, 소신 있게 살아가는 사람들은 다수의 의견이나 권위를 무조건적으로 따르지 않는다.

 KEY POINT

사람들은 약하며 무능하고, 못생기고, 나쁜 사람과 가까이 하기보다 강하며 유능하고, 잘생기고, 좋은 사람과 친하게 지내고 싶어 한다. 대세에 뒤처지기보다는 앞서가고 싶고, 이름도 없는 싸구려보다 유명 상표를 선호한다. 그 이유는 메이커를 통해 자존감을 높일 수 있기 때문이다. 하지만 자신을 신뢰하고 자존감이 높은 사람은 자신을 믿지 못하고 자존감이 낮은 사람들에 비해 이런 외적 요인들에 집착하지 않는다.

05

지금까지의 경험이 전부가 아니다

ㅣ **자극 일반화** ㅣ

더위 먹은 소는 달만 봐도 숨을 헐떡거린다.

- 중국 속담

"자라 보고 놀란 가슴 솥뚜껑 보고 놀란다."

"뜨거운 물에 덴 놈 숭늉 보고도 놀란다."

"불에 놀란 놈은 부지깽이만 보고도 놀란다."

모두 어떤 일에 몹시 놀란 사람은 그와 비슷한 것만 봐도 놀란다는 것을 비유적으로 이르는 말이다.

치과에 가면 긴장되는 이유

개에게 종소리를 들려준 다음 전기 충격을 몇 번 반복하면 종소리만 듣고도 공포 반응을 보인다. 하지만 중요한 것은 종소리가 아니라 여태 제시된 적이 없던 깡통 소리를 들어도 공포 반응을 보인다는 것이다. 이처럼 조건 형성된 자극과 유사한 자극에도 학습된 조건 반사와 비슷한 반응을 보이는 것을 '자극 일반화 현상(Stimulus Generalization)'이라고 한다. 그래서 자라를 보고 너무 놀란 사람은 솥뚜껑을 보고도 섬뜩해지는 것이다.

어렸을 때 부모에게 맞고 자랐거나 상처를 입은 사람이 성인이 돼서 윗사람과 좋은 관계를 형성하지 못하는 것도 일종의 자극 일반화 현상이다. 심하게 상처받은 경험이 있으면 상처를 준 사람과 유사한 특성을 가진 사람도 싫어지기 때문이다. 그래서 어렸을 때 부모와의 관계가 어른이 돼서도 대인 관계에 중대한 영향을 미치는 것이다.

예를 들어 치과에서 드릴로 치료받는 고통스러운 경험을 하고 난 후에 치과만 가면 소름이 돋고, 식은 땀을 흘리는 등의 거부 반응을 보이는 것 역시 자극 일반화 현상이다. 또한 특정한 음식을 먹고 배탈이 난 후에 그와 비슷한 음식을 안 먹는 것 역시 자극 일반화 현상에 속한다.

그렇다면 자극 일반화 현상이 존재하는 이유는 뭘까?

첫 번째 이유는 생존에 매우 중요하기 때문이다. 예를 들어 곰에게 공격을 당한 원숭이가 다음에 자기를 공격했던 곰뿐만 아니라 다른 크기, 다른 색의 곰도 피해야 살아남을 수 있기 때문이다.

두 번째 이유는 자극 일반화 현상이 우리가 경제적으로 정보 처리를 할 수 있게 도와주기 때문이다. 모든 자극을 개별적인 정보로 처리하는 것보다 유사한 자극들을 하나로 묶어서 동일한 자극으로 처리하면 훨씬 신속하고 간편하게 정보를 처리할 수 있다.

과거의 경험에서 빠져나오는 방법

하지만 이런 이점에도 자극 일반화 현상이 과도하면 여러 가지 심리적인 적응 문제를 일으킨다. 어릴 적 사람으로 인한 트라우마가 사회 불안 장애를 야기하고, 특정 상황에서의 경험이 공황 장애를 유발할 수 있다. 각종 공포증과 강박 장애 및 범불안 장애 역시 과도한 자극 일반화 현상에 기인한다. 이런 심리 장애뿐 아니라 인종 차별, 성차별 및 지역 차별 등의 편견도 자극 일반화와 밀접하게 관련돼 있다.

이런 자극 일반화와 반대되는 현상을 심리학에서는 '자극 변별(Stimulus Discrimination)'이라고 한다. 앞서 개에게 종소리를 들려주고 전기 충격을 반복하면 개는 종소리뿐 아니라 깡통 소리에도 공포 반응을 보인다는 것을 자극 일반화라고 소개했다. 그렇다면 개가 종소리에는 공포 반응을 보이지만, 깡통 소리에는 공포 반응을 보이지 않도록 하려면 어떻게 해야 할까? 의외로 간단하다. 종소리를 들려주고 난 후에는 전기 충격을 주고, 깡통 소리를 들려준 후에는 먹이 주기를 반복하면 된다.

자극 변별 학습 과정을 지역감정을 해소하는 데 적용해 본다면 어떨까? 특정 지역 출신의 사람을 만나 좋지 않은 경험을 해 그 지역 사람들에 대한 감정이 나빠졌다. 당연히 그 지역 사람들을 안 만나려고 할 것이다. 어쩔 수 없이 만난다고 해도 자극 일반화로 인해 상대를 부정적으로 대할 확률이 높다. 상대 역시 나를 똑같이 대할 것이다. 그렇게 부정적인 신념이 더욱더 견고해진다. 이를 방지하기 위한 방법이 있다.

첫째, 자신의 지역감정이 지나친 자극 일반화에 기인할 수 있음을 인정한다.

둘째, 그 지역 사람들을 피하지 말고 가능한 한 많이 만나면서 편견 없이 대한다.

셋째, 어떤 지역 출신이라고 모두 같은 것은 아니며 좋은 사람도 많다는 것을 직접 경험한다.

KEY POINT

자극 일반화 현상은 식습관, 교제 대상, 다양한 심리 장애와 지역감정에 이르기까지 우리의 신념, 태도 및 행동과 광범위하게 관련돼 있다. 정보 처리를 신속하고 경제적으로 처리하도록 도와주며, 생존에 큰 도움을 주기 때문에 중요한 심리적 기능이다. 하지만 과도한 자극 일반화는 여러 가지 부작용을 일으키기 때문에 자신이 어떤 자극 일반화의 영향을 받고 있는지 살펴야 한다. 또한 자극 일반화가 과도해서 문제가 생긴 경우, 자극 변별 과정을 통해 적절히 해소할 수 있어야 한다.

06

원인을 나에게 돌려라

| 방어적 귀인 |

현명한 사람은 모든 것을 자신의 내부에서 찾고,

어리석은 사람은 모든 것을 타인들 속에서 찾는다.

- 공자

"잘되면 제 탓 못되면 조상 탓"이라는 말이 있듯이 사람들은 뭔가 문제가 있을 때 그 원인을 외부에서 찾으려고 한다. 서양에도 똑같은 속담이 있다. "Take credit for the good, and blame others for the bad", '잘된 것은 내 공이고 못된 것은 남의 탓'이라는 뜻이다. 문제가 생겼을 때 남 탓을 하고 싶은 사람의 마음은 세상 어디서나 마찬가지다.

성공하면 내 덕이고
실패하면 남 탓이라는 생각

사람들은 무의식적으로 어떤 일의 결과에 대한 원인을 찾아내려고 한다. 결과의 원인을 어디서 찾느냐에 따라 기분이 달라지고, 다음 행동이나 태도를 결정할 수 있기 때문이다.

그럴듯한 남자가 청혼을 한 경우 청혼에 응할 수도 있지만, 거절할 수도 있다. 똑같은 행동이라도 상대방이 자신에게 호의가 있기 때문이라고 보느냐, 아니면 자신의 경제력 때문이라고 보느냐에 따라 그 사람의 태도와 행동은 달라진다. 이처럼 자신이나 타인의 행동의 원인을 추론하는 과정을 심리학에서는 '원인을 귀착시킨다'는 의미에서 '귀인(Attribution)'이라고 한다. 우리는 남의 행동뿐 아니라 자신의 행동에 대한 원인도 매 순간 탐색한다.

나는 대학생들 중 성적이 우수한 학생들과 학사 경고자들을 대상으로 학업 성적에 관련된 요인을 찾아내는 연구를 한 적이 있다. 연구 결과, 성적이 우수한 학생들에 비해 학사 경고자들은 학교 시설이나 교수의 강의 등 외적인 요인 탓을 많이 했다. 반면, 성적이 우수한 학생들은 한결같이 자신의 노력이나 공부 방법 등이 좋았기 때문이라고 답했다.

이렇듯 사람들은 자신이 한 일이 성공적인 경우에는 원인을 자신의 재능이나 노력 등 스스로의 공으로 돌리고, 실패한 경우에는 원인을 타인이나 상황 또는 운 등 외부로 돌리는 경향이 있다. 이를 각각 내적 귀인, 외적 귀인이라고 한다. 실패했을 때는 외부의 탓으로 돌려야 자존심이 상하지 않고, 잘됐을 때는 자신의 공으로 치부해야 자존심이 고양된다. 이런 현상을 '자기 본위적 편파(Self-Serving Bias)'라고 한다.

사람들은 성공을 자기 덕으로 돌리는 것이 자존심을 고양시키지만 겉으로 드러내면 득 될 것이 없다고 배워 왔다. 그리고 성공의 공을 남에게 돌릴 때 더 많은 보상이 주어진다는 것을 안다. 그래서 성공한 사람들도 때로는 자신의 성공을 남의 덕으로 돌린다. 대종상 영화제에서 주연상을 받는 사람들은 순전히 동료들 덕이라고 말한다. 마음속으로야 제 잘난 덕에 상을 받는다고 생각하더라도, 그것을 드러내면 좋아할 사람은 아무도 없다는 것을 너무나 잘 알기 때문이다.

나의 불행은 내 탓으로 돌리고
남의 불행은 운 탓으로 돌려라

사람들은 타인이 실패하거나 성공한 것의 원인을 찾을 때 자신의 경우와는 완전히 다른 방식으로 원인을 찾는다. 남이 잘된 것은 운이 좋아서고, 불행을 겪는 이유는 그 사람에게 문제가 있어서다. 반면에 자기가 잘된 것은 자신의 노력이나 능력 덕분이고, 자기가 불행을 겪는 것은 부모나 환경 때문이다. 이를 심리학에서는 '방어적 귀인(Defensive Attribution)'이라고 한다. 그래서 주변의 어떤 사람이 사업에 실패하면 그가 운이 없다고 보기보다 사업 수완이 부족하다거나 계획성이 없었기 때문이라고 보는 것이다.

자신의 실패는 조상을 탓하면서 남이 불행한 것은 왜 그 사람 탓을 할까? 만약 당신이 친구의 불행을 단지 운이 나빠서라고 생각한다면 당신도 언젠가는 운이 나빠 망할 수도 있기 때문이다. 남들이 하는 사업의 성패가 운에 의해서 좌우된다고 믿으면 당신도 운에 의해서 불행을 겪을 수 있다는 사실을 인정해야 하는 것이다.

반대로 망한 친구가 당신에게는 없는 개인적인 문제가 있고, 그것 때문에 망했다고 생각하면 당신은 그와 같은 방법으로 실패할 가능성이 적다. 불안감은 줄어들고 당신의 자존심도 지킬 수 있기 때문에 남의 불행은 당사자 탓으로 돌리고 당신의 불행은 운이나 남의 탓으로 돌린다.

다른 사람이 성공한 이유를 찾을 때는 내가 성공했을 때와는 다른 이유들이 더 눈에 띈다. 친구가 행복한 결혼 생활을 하는 것은 배우자를 잘 만나서고, 내가 이만큼 사는 것은 내가 잘난 탓으로 돌려야 나의 자존심이 유지된다.

귀인은 자신 또는 타인의 행동의 원인을 추론하는 과정이다. 그 원인을 내부로 귀인 하는지 아니면 외부로 귀인 하는지는 우리의 태도, 행동, 감정 및 기대에 영향을 미치기 때문에 매우 중요하다.

예를 들어 자신이 실패했을 때 스스로의 노력이나 태도 때문이라고 귀인 하면 성공하기 위해 더 많은 노력을 하고, 일에 대한 태도를 바꾸려고 할 것이다. 하지만 실패의 원인을 환경이나 부모에게 돌리면 사회에 적대감이 들고 부모를 원망하게 될 수밖에 없다. 다른 사람이 실패했을 때 원인을 그 사람의 성격이나 태도 때문이라고 생각하면 부정적인 태도를 취하기 쉽다. 반면, 실패의 원인을 환경이나 운 탓이라고 추측하면 그 사람에 대해 훨씬 더 공감하면서 도움을 줄 수 있다.

일반적으로 사람들은 자신의 성공은 내부로 귀인 하고, 실패는 외부로 귀인 한다. 반면, 타인의 성공은 외부로 귀인 하고 실패는 내부로 귀인 한다. 이런 방어적 귀인이 일종의 인지적 편향이라는 사실을 이해하면서 자신에게 어떻게 작용하는지를 성찰할 수 있다면 보다 성공적인 삶을 살 수 있다.

KEY POINT

사람들은 똑같은 행동이나 결과를 두고도 그 원인을 다르게 추론한다. 예를 들어 타인이 성공했을 때는 운이 좋거나 배경이 좋았기 때문이라고 생각하면서 자신이 성공했을 때는 노력이나 능력 때문이라고 생각한다. 그리고 타인이 실패했을 때는 그 사람에게 뭔가 문제가 있다고 생각하지만, 자기가 실패했을 때는 운이나 환경 등 외부에서 원인을 찾는다. 모두 자존심을 보호하기 위한 인지적 편향 때문이다. 하지만 이런 인지적인 편향이 심하면 발전할 수 없다는 사실을 명심해야 한다.

07

믿음은 우연이 되고 우연은 운명이 된다

| 자기 이행적 예언 |

우리는 보고 싶은 것만 보고 듣고 싶은 것만 듣는다.
우리의 신념 체계는 우리가 믿는 것만 보여 주는 거울과 같다.

- 미구엘 루이즈

《열자》의 〈설부편〉에 "의심생암귀(疑心生暗鬼)"라는 말이 나온다. '의심하면 암귀가 나타난다'는 말로 선입견을 가지고 의심하면 사물을 제대로 보지 못함을 의미한다.

사람이 밉고 의심스러운 것만큼 견디기 힘든 일도 없다. 어떤 사람을 의심하면 하는 짓마다 수상해 보이고, 미워하면 미운 짓만 골라 하는 것 같다. 나의 관점에 따라 상대가 정말로 그렇게 행동하는 것처럼 보이는 현상을 심리학에서는 '자기 이행적 예언(Self-Fulfilling Prophecy)' 또는 '자성 예언'이라고 한다.

생각한 대로 보이고 믿는 대로 이뤄진다

어떤 사람이 가지고 있던 도끼를 잃어버렸다. 그는 틀림없이 누군가 훔쳐 갔을 것으로 생각했고, 이웃집 아이를 의심했다. 그 아이의 표정이 어딘가 미심쩍어 보였으며 자기를 보고 겁에 질린 표정으로 힐끔거리며 피하는 것처럼 느껴졌기 때문이다. 그러다 어느 날 그는 밭을 갈다가 도끼를 발견했다. 도끼를 찾아 집에 돌아오는 길에 이웃집 아이를 마주쳤는데, 더는 이상해 보이지 않았다.

다른 사람을 의심하고, 누군가 자신에게 해를 끼칠 것이라는 생각을 가진 사람이 있다고 치자. 이 사람은 전철을 탈 때나 사무실에서도 항상 주변 사람들의 눈치를 살피기 바쁘다. 늘 힐끔힐끔 눈치를 살피고, 자신의 의견과 조금만 다른 태도를 보이면 상대가 자기를 무시한다고 화를 낸다. 그래서 동료들은 이 사람을 점차 경계하고 멀리하기 시작한다. 결국 이 사람은 자신이 생각했던 대로 사람들이 자기를 싫어하고, 믿을 사람은 아무도 없다는 결론에 도달한다.

반대로 인간은 근본적으로 선하기 때문에 사귀어 보면 다 좋은 면이 있다고 믿는 사람이 있다고 가정해 보자. 이 사람도 때로는 자신을 못마땅하게 생각하는 사람과 부딪친다. 하지만 그런 상황에서도 상대가 다른 이유로 언짢은 일이 있기 때문에 그랬을 것이라는 생각에 여전히 부드럽게 대한다. 이런 일이 반복되면 상대방의 행동이 점차 호의적으로 바뀌고, 결국은 자기가 믿은 대로 사람들은 선한 구석이 많다는 점을 확인할 수 있는 것이다.

이런 자기 이행적 예언이 이뤄지는 과정을 가상의 예를 통해 좀 더 구체적으로 확인해 보자. 부정적 또는 긍정적 신념에 의해서 자기 이행적 예언이 실현되는 단계는 다음과 같다.

우선 상대에게 부정적인 선입관이나 편견을 갖고 있을 때 그 결과로 어떤 일들이 일어날 수 있는지 살펴보자.

1. A 백화점 직원이 손님이 왔는데도 자기 할 일만 한다.
2. 이 직원은 부유해 보이지 않는 손님을 무시하는 사람이다.
3. 모든 백화점 직원은 부자가 아닌 것 같아 보이는 손님은 무시할 것이다.
4. B 백화점 직원이 있다. 나를 무시하기 전에 내가 무시를 해야 선수를 치는 것이다. 영문도 모르고 무시당한 직원은 자

신을 방어하기 위해 되받아친다.

5. 그것 봐라. 이것이 백화점 직원들은 부유한 손님이 아니면 함부로 대한다는 증거다.
6. 백화점 직원들은 부자가 아니면 무시하기 때문에 친절하게 대해 주면 안 된다.

이번에는 상대에게 긍정적인 기대와 신뢰감을 갖고 있을 때 어떤 결과가 나타날 수 있는지 살펴보자.

1. A 백화점 직원은 손님에게 친절하게 제품을 추천해 준다.
2. 이 직원은 손님들이 자신의 매장에 만족감을 느꼈으면 좋겠다고 생각해서 친절하게 안내하고, 진심을 다해 제품을 추천해 주는 사람이다.
3. 모든 백화점 직원들은 친절하고, 손님에게 맞는 제품을 추천해 줄 것이다.
4. B 백화점 직원이 있다. 이 직원도 손님에게 친절할 것이 분명하니 나도 친절하게 대해야겠다. 예상 못한 친절함을 느낀 직원은 손님에게 보답하기 위해 진심을 다해 제품을 추천해 준다.
5. 그것 봐라. 백화점 직원들은 모두 손님에게 친절하다.
6. 손님들도 백화점 직원에게 친절을 베풀 필요가 있다.

아무리 멍청한 사람이라도 앞의 6단계에서 일어나는 오류를 찾아낼 수 있을 것이다. 그러나 아무리 똑똑한 사람이라도 이런 오류에서 자유로울 수는 없다. 누구나 오류를 저지를 수 있다는 이야기다. 여기서 얻을 수 있는 한 가지 교훈이 있다. 사람을 대할 때 부정적인 선입관이나 편견에서 벗어나 새로운 관점에서 보고 행동으로 옮길 필요가 있다는 점이다. 앞의 예시처럼 무엇을 믿느냐에 따라 얻는 결과물도 달라질 수 있음을 알게 될 것이다.

사람이 미운 것처럼 괴로운 일도 없다. 자제하기 어렵고 그 내면에 파괴력이 잠재돼 있는 것이 미움이다. 내가 가르치는 학생들에게 '미운 사람의 특징'을 말하게 했더니 잘난 체하는 사람을 가장 많이 거론했다. 그러나 토론 과정에서 '자신을 미워하는 사람'은 어떻게 생각하는지 묻자 그런 사람은 논의할 필요조차 없이 밉다고 했다.

사람들은 자신을 미워하는 사람을 가장 미워한다. 자기의 결점을 솔직하게 지적해 달라고 부탁한 사람조차도 결점만 이야기하면 내심 괘씸하게 생각하는 것이 사람이다. "미운 강아지 보리 멍석에 똥 싼다"라는 속담이 있다. 미운 사람은 미운 짓만 골라 한다는 이야기다. 어떤 연유로 사람을 미워하든지 일단 사람이 싫어지면 그 사람이 하는 짓은 죄다 밉게 보인다.

믿음은 부메랑처럼 되돌아온다

사람들은 자신의 생각에 동조하고 뜻을 거스르지 않는 사람을 좋아한다. 항상 옳은 말을 하더라도 나와 의견 충돌을 자주 일으키는 사람이라면 싫다. 일단 미워 보이기 시작하면 상대에게 행동이 곱게 나가지 않는다. 상대방 역시 나의 행동 때문에 더 미운 짓을 한다. 미워할수록 더 미워할 수 있는 증거만 수집하기 때문에 부정적인 생각은 갈수록 강해진다.

미움이 가득하면 상대를 제대로 보지 못한다. 당사자뿐 아니라 그 사람과 관련된 모든 것이 싫어질 수도 있다. 남편이 미우면 그 사람이 벗어 놓은 옷가지도 싫어지며, 심지어 둘 사이에 태어난 자식까지도 미워진다. 그래서 "너는 하는 짓이 어쩌면 그렇게 네 아빠의 못된 것만 골라서 닮았니?"라고 하는 것이다.

부메랑은 호주의 서부와 중부의 원주민이 사용했던 무기다. 이 무기는 'ㄱ'자 모양의 나무 막대기로, 던지면 빙글빙글 회전하면서 날아간다. 목표물을 맞히지 못하면 원을 그리며 던진 사람에게 되돌아온다. 부드럽게 생긴 모양과는 달리 위력이 상당해서 사냥이나 전쟁에서 무기로 사용했다.

부메랑은 던지면 주인에게 다시 되돌아오는 장점을 가지고 있는 무기지만, 일상 언어에서는 오히려 부정적인 의미로 사용되는 경우가 많다. 특히 자신이 한 행동이 업보로 돌아오는 '자업자득'을 표현할 때 이 단어를 사용한다.

사랑에 빠지면 눈이 멀듯이 미운 마음이 강할 때도 상대를 제대로 보지 못한다. 이 점을 인정하는 것만으로도 상대가 조금은 다르게 보일 것이다. 적을 만들지 않고 자신이 원하는 바를 성취하기 위해서는 미워하는 마음부터 다스릴 수 있어야 한다. 물론 그렇다고 미워하는 마음 자체를 없애라는 것은 아니다.

내가 다른 사람을 미워할 수 있듯이 상대도 나를 미워할 수 있으며, 나에게도 장점이 있듯이 상대에게도 잠재력이 있음을 인정해야 한다. 나아가 상대가 그렇게 할 수밖에 없는 이유가 무엇인지를 이해하려 애쓰며, 상대를 향한 진지한 관심과 믿음을 보일 때만이 미움의 함정에서 스스로를 건져낼 수 있다. 믿음과 사랑의 부메랑은 반드시 신뢰와 애정으로 돌아올 것이다.

KEY POINT

"Believing is Seeing" 사람들은 보고 싶은 대로 보고, 듣고 싶은 대로 듣는다. 자신에 대한 믿음이건, 다른 사람에 대한 믿음이건 기대한 대로 이뤄지는 현상을 '자기 이행적 예언' 또는 '자성 예언'이라고 한다. 믿음은 생각이 되고, 생각은 행동이 되고, 행동은 습관이 되고, 습관은 운명이 된다. 성공적인 삶을 살고 싶다면 자신에 대해 긍정적인 믿음을 가져야 하고, 행복한 관계를 원한다면 사람들에 대해 긍정적인 믿음을 가져야 한다.

08

만일의 실패에 대비하지 마라

| 자기 불구화 |

문제를 대면하는 데 따르는 정당한 고통을 회피할 때
그 문제를 통해 우리가 가질 수 있는 성장도 회피하는 것이다.

- 스콧 팩

"서투른 목수가 연장을 탓한다."

일이 서투른 사람이 자기가 솜씨 없는 것은 생각하지 않고 핑겟거리만 찾는다는 말이다. 서투른 목수일수록 연장 탓을 하고, 게으른 사람일수록 일하지 않을 구실만 찾는다.

회피도 습관이다

하는 일마다 꼬인다고 푸념하는 사람들이 있다. 이들은 머릿속에 길고 긴 핑계 목록을 간직하고 다닌다. 정책을 탓하고, 부모를 탓하고, 회사를 탓하고, 날씨를 탓하고 더 나아가서는 사돈에 팔촌까지 탓한다. 그래도 성에 차지 않으면 자기 안에서 핑곗거리를 찾는다. 사람들이 '술을 너무 마셔서', '잠을 못 자서', '컨디션이 안 좋아서' 등의 핑곗거리를 찾는 것은 일이 잘못됐을 때 책임지는 것을 회피하고 다른 곳으로 전가할 수 있기 때문이다.

어떤 일에 실패할 가능성이 높다고 생각할 때 일부러 실패할 수밖에 없는 구실을 일부러 만들어 자존감을 보호하는 심리적 현상을 '자기 불구화(Self-Handicapping)'라고 한다. 그렇다면 자기 불구화 전략은 어떻게 자존감을 보호할 수 있을까?

예를 들어 좋은 성적을 받기 어렵다고 생각하면 더 열심히 공부를 해야 하지만, 시험 전에 밤새도록 게임을 하거나 술을 마시면 성적이 나쁘게 나오더라도 게임이나 술 때문이라고 변명할 수 있다. 만약 운이 좋아서 괜찮은 성적을 받았다면 나는 시험 전날 밤새도록 놀았는데도 성적이 이렇게 잘 나왔다고 자랑스럽게 생각할 수 있다.

실패했을 때는 자존감의 하락을 방지해 주고 성공했을 때는 자존감을 더욱더 높여 줄 수 있기 때문에 사람들은 성취에 방해가 되는 핑곗거리를 만들어 자신을 불구화한다. 하지만 자기 불구화는 일시적인 위안을 제공할 뿐 습관적으로 사용할 경우 백해무익하다는 것을 명심해야 한다.

자신의 전공이 유망하지 않기 때문에, 성격이 소심하기 때문에 장래에 희망이 없다며 공부를 소홀히 한다면 그때부터 자기 불구화가 시작된다. 실패가 두려워 미리 실패할 수밖에 없는 장애물을 만들고 장벽을 치면 결국 실패를 앞당길 뿐이다.

대인 관계가 원만하지 못한 사람들은 그렇지 않은 사람들에 비해 남들이 싫어하는 행동을 많이 한다. 원만하지 못하기 때문에 인상 관리에 더 신경을 쓴다거나 남들의 호감을 살 수 있도록 더 노력을 해야 될 텐데도 말이다.

성장 과정에서 거절당한 경험이 많아 사람들에 대한 신뢰가 없으면 남들과 친해지려고 노력해 봤자 좋은 관계를 유지할 수 없을 것이라는 생각이 들 수 있다. 이럴 때 쓸 수 있는 자기 불구화 전략은 다른 사람들에게 무관심하거나 무뚝뚝하게 대하는 것이다. 열심히 노력해서 좌절당하는 것보다 원래 다른 사람에게 관심이 별로 없다고 생각하는 것이 자존감을 보호할 수 있기 때문이다.

상담하다 보면 행복한 연애나 결혼에 대해 관심은 많지만, 비혼주의라거나 혼자 지내는 것이 더 편할 것 같다고 말하는 사람들이 있다. 그들을 깊이 관찰해 보면 대부분 여러 가지 이유로 연애나 결혼 생활의 실패에 대한 두려움이 크다. 성공적이고 행복한 연애나 결혼을 위해 온갖 노력을 하더라도 실패할 바에는 차라리 관심이 없다거나 비혼주의기 때문에 혼자 이렇게 잘 지내고 있다고 생각하는 것이 자존감을 보호해 주기 때문이다.

요즘같이 첨단 기기들이 흔한 세상에 컴퓨터 하나 제대로 다루지 못한다. 그렇다고 다른 일을 특출나게 잘하는 것도 아닌데 승진 심사는 다가온다. 이처럼 승진 심사에서 탈락할 가능성이 높아질수록 사람들은 자신의 능력이나 노력보다는 다른 요인에서 구실을 찾고 싶어 한다.

습관적으로 술을 마시는 사람들은 자기가 무능하다는 것을 인정하지 않으려고 술을 찾는다. 공부 못하는 학생들이 시험 전에 술을 마시는 것이 그 예다. '어젯밤에 술을 너무 마셔서 도무지 생각이 안 난다'고 생각하는 것이 머리가 나빠서 시험을 망쳐서 자존심이 상하는 것보다 낫기 때문이다.

심리학자 버글라스는 실험을 통해 사람들이 어려운 일에 부딪혔을 때 알코올 중독과 같이 해로운 행동을 스스로 선택한다는 사실을 확인한 바 있다. 그는 사람들에게 해결하기 쉬운 문제 또는 어려운 문제를 풀게 했다. 그리고 잠시 후 지적 능력을 촉진시키는 약과 방해하는 약의 효과를 시험해 보겠다고 이야기하고, 실험에 참여할 것을 부탁했다. 그리고 두 가지 약 중 한 가지를 선택하게 했다.

결과를 분석해 보니 쉬운 문제를 풀었던 사람들은 13%만이 지적 기능을 방해하는 약을 선택했다. 그러나 어려운 문제를 풀었던 사람들은 70%가 지적 기능을 방해하는 약을 선택했다. 지적 기능을 방해하는 약을 선택한 사람들은 실패를 자신의 능력이 아니라 약물 탓으로 돌릴 수 있기 때문이다. 그래서 대학가 술집이 시험 기간에도 항상 학생들로 붐비는 것이다.

잠깐의 회피보다 책임이 자존감에 도움이 된다

자기 불구화는 '행동 불구화(Behavioral Self-Handicapping)'와 '주장 불구화(Claimed Self-Handicapping)' 두 가지 유형으로 구분된다.

행동 불구화란 어떤 과제의 실패를 유발할 수 있는 장애물을 행동으로 만들어 내는 것을 말한다. 예를 들어 좋은 학점을 받을 자신이 없으면 과제를 아예 제출하지 않는다거나, 시험 전날 밤을 새워서 공부하기보다 방 청소를 하거나 혹은 시험 때 용감하게 백지를 제출하는 행동을 하는 것이다. 또 입사 면접에 떨어질 것 같아 괜히 그 회사가 마음에 들지 않는다면서 면접에 참석하지 않는 것도 행동 불구화에 해당한다.

반면, 주장 불구화는 실패할 수밖에 없는 이유를 미리 평가자에게 말로 고백하는 것을 말한다. 예를 들면 회사에서 다른 업무가 너무 많아 회의 시간에 발표할 PPT를 제대로 준비하지 못했다고 말하거나 학교에서 발표할 때 어제 몸이 아파 제대로 준비를 못했다며 양해를 구하는 것이 여기에 해당된다. 발표를 잘하지 못했을 때 자신의 실력 때문이 아니라 업무의 양이나 건강 탓을 해 자존감을 보호할 수 있기 때문이다.

자기 불구화란 어떤 일에 대한 실패가 예상될 때 그 원인을 내적인 요인이 아니라 외적인 요인 때문이라고 합리화하기 위해 스스로 장애물을 만들거나 장벽을 세워 자존감을 보호하는 전략을 말한다. 실패에 대한 두려움과 결핍된 자신감 때문에 이 전략을 습관적으로 사용하는 사람들이 많다.

자기 불구화 전략은 일시적으로는 자존감 보호, 부정적 감정 회피 등 이로운 점이 있지만 습관적으로 사용할 경우에는 여러 가지 부작용이 일어난다.

첫째, 높은 수준의 성공과 도전을 피하고 안전하고 성공이 보장된 낮은 수준의 성취를 목표로 삼는다.

둘째, 자존감을 보호하기 위해 습관적으로 자기 불구화 전략을 사용하다 보면 낮은 수준의 목표만을 추구하기 때문에 자존감이 저하된다.

셋째, 낮은 업무 성취와 낮은 자존감으로 인해 지속적인 스트레스, 무력감, 우울증 및 불안감 등 여러 가지 심리적인 문제를 겪을 수 있다.

그렇다면 습관적인 자기 불구화 전략으로 인한 여러 가지 문제를 극복하기 위해서는 어떤 노력을 해야 할까? 몇 가지 방법이 있다.

첫째, 자기 성찰이 필요하다.

자신이 어떤 상황에서 실패에 대한 두려움을 겪는지 그리고 실패 상황에서 자존감을 보호하기 위해 어떤 자기 불구화 전략을 습관적으로 사용하고 있는지를 파악해야 한다. 문제 해결의 첫 단계는 문제를 인식하는 것이다.

둘째, 실패를 수용해야 한다.

성장과 발전을 위해서는 시행착오를 거쳐야 한다는 사실을 받아들이고 실패 경험이 가진 긍정적 의미를 찾아내야 한다. 실패 경험은 성장과 발전을 위해 겪어야 할 필연적인 과정임을 받아들이면 실패를 대비할 핑계를 마련하지 않아도 된다.

셋째, 선택에 책임을 져야 한다.

무슨 일을 하든지 선택은 자신이 하는 것이기 때문에 선택한 일에 최선을 다해야 한다. 그리고 결과에 대해서는 스스로 책임진다고 생각하면서 작은 목표부터 도전하는 것이다. 작은 목표에 대한 성공 경험이 반복되면 머릿속에 '나도 할 수 있다'는 자기 효능감이 자리 잡는다.

KEY POINT

어떤 일을 실패할 가능성이 높다고 생각할 때 미리 실패할 수밖에 없는 구실을 일부러 만들어 자존감을 보호하는 심리적 현상을 '자기 불구화'라고 한다. 자기 불구화 전략을 사용하면 실패했을 때 자존감 손상을 방지할 수 있을 뿐 아니라, 예상치 못하게 성공했을 때는 자존감을 더욱더 고양시키는 효과를 볼 수 있다. 하지만 실패했을 때의 변명이나 핑곗거리를 마련하기 위해 스스로 장애를 만들고 장벽을 치는 자기 불구화 행위는 일시적인 위안을 제공해 줄 수는 있어도 습관적으로 사용할 경우 백해무익하다. 습관적으로 자기 불구화 전략을 사용하고 있다면 부작용을 확인하고, 습관에서 벗어날 수 있는 방법을 모색해야 한다.

09

운전대만 잡으면 사람이 달라지는 이유

| 터널 시야 현상 |

어떤 사람의 진짜 인품은 어떻게 해야 할지 몰라 당황스러울 때
그가 드러내는 행동으로 알 수 있다.

-존 홀트

미국 LA에서 아침 8시쯤 6살 아들을 등교시키기 위해 한 어머니가 프리웨이를 달리고 있었다. 모자가 탄 차가 나들목으로 나가기 위해 차선을 바꾸려 하자 흰색 세단이 오른쪽에서 끼어들었다. 양보해 달라고 손짓을 하는데도 상대 차가 계속 끼어들자 어머니는 왜 양보를 해 주지 않냐고 소리를 질렀다. 그렇게 계속 신경전을 펼치다 어머니는 손가락 욕을 하고 말았다. 결국

뒤쫓아 오던 상대 차량에서 총을 쐈고 뒷좌석에 타고 있던 6살 아들은 총에 맞아 그 자리에서 즉사했다.

난폭 운전, 보복 운전이 끔찍한 일로 이어지는 것은 미국뿐 아니라 우리나라에서도 마찬가지다. 운전 중 시비로 인해 가벼운 말싸움에서부터 자신을 추월하며 운전을 방해한 운전자를 때려 숨지게 한 살인 사건까지 수도 없이 많은 보복 운전 사건들이 계속해서 일어나고 있다.

한 예로 오래 전 서울 송파 경찰서는 자신을 추월하며 진로를 방해한 운전자를 때려 숨지게 한 이 모 씨를 폭행 치사 혐의로 구속했다. 그는 상대 운전자가 자기 차 앞으로 끼어들고 차선을 자주 바꿔 일부러 운전을 방해하는 것 같아 화가 나서 시비 끝에 사고를 저질렀다고 털어놨다. 이 정도로 심한 경우는 아닐지라도 운전자들끼리 시비가 붙어 욕설을 하거나 몸싸움을 하는 일은 비일비재하다.

점잖은 사람도 핸들만 잡으면 거칠어진다. 어쩌다 다른 차가 끼어들기라도 하면 욕설이나 삿대질을 하기 십상이고, 하다못해 경적이라도 울려야 직성이 풀린다. 경찰에 따르면 매일 60건이 넘는 난폭 운전 및 보복 운전 사건이 발생하고, 연간 30명이 넘게 목숨을 잃는다. 한 설문 조사에서는 직접 보복 운전을 해봤다는 사람이 10%를 넘어서는 결과가 나오기도 했다.

이런 통계들로 미뤄 봤을 때 얼마나 많은 운전자가 운전대만 잡으면 순간을 참지 못하고 위험한 행위를 하고 있는지 알 수 있다.

그렇다면 난폭 운전과 보복 운전은 어떻게 다를까? 난폭 운전은 불특정 다수에게 위협 또는 위해를 가하거나 교통상 위험을 유발하는 행동으로 지그재그 운전, 신호 위반, 안전거리 미확보 등이 이에 해당된다. 이런 난폭 운전은 보복 운전의 주요 원인으로 작용한다.

반면 보복 운전은 특정인을 상대로 상해, 폭행, 협박 등의 피해를 입히는 것이다. 보복 운전의 유형으로는 뒤따라가면서 추월 후 급제동해 위협하는 행위, 갑자기 차로를 변경해 다른 차량을 중앙선이나 갓길로 몰아붙이는 행위, 차량을 뒤쫓아 가 고의로 충돌하는 행위 등이 포함된다.

흥분하면 정말 눈에 보이는 게 없다

화가 나거나 신경 쓸 일이 많아지면 생리적인 흥분이 고조된다. 운전 경력이 오래된 사람들도 운전석에 앉으면 알게 모르게 신경 쓸 일이 늘어난다. 운전자의 눈동자가 움직이는 것을 잠시만 관찰해도 이 사실을 알 수 있다.

전방을 예의 주시해야 할 뿐 아니라 적어도 3개의 거울을 순간순간 번갈아 봐야 한다. 뒤에서 갑자기 추월해 오는 차, 차선에 끼어드는 차, 급브레이크를 밟는 차들이 나타날 가능성은 언제나 존재한다. 따라서 한순간도 방심해서는 안 된다.

게다가 길이 막힐 때는 짜증이 더해진다. 한가한 곳보다 번잡한 거리에서 운전할 때 심장 박동 수가 증가하며 혈압도 올라간다. 이처럼 생리적인 흥분이 고조되면서 집중력과 정보 처리 능력이 현저하게 저하되는 것을 '터널 시야 현상(Tunnel Vision Phenomena)'이라고 한다.

실제로 교통사고를 낸 사람들 중 상당수가 부부 싸움을 하거나 직장에서 스트레스를 받은 후였다는 사실은 흥분한 상태에서 차를 몰면 더 거칠어지고 공격적으로 행동한다는 것을 보여주는 단적인 예다. 쉽게 말해 눈앞에 보이는 게 없어지는 것이다. 그래서 흥분해서 날뛰는 사람에게는 "눈에 뵈는 게 없냐?"라고 말하는지도 모른다. 인간관계에서의 갈등은 물론 무더운 날씨나 소음 모두 우리를 흥분하게 만드는 요인들이다.

운전하는 사람들이 경적을 울리거나 욕설을 해 대는 이유는 상대를 사람으로 보기보다 단지 자동차의 부속물로 보기 때문이다. 쉽게 공격적인 행동을 하기 위해서 상대의 인간적 가치를 격하시키는 것이다.

유대인을 가스실에 집어 넣고, 죽어 가는 모습을 보면서도 나치들은 모차르트 음악을 즐겼다. 유대인을 자신들과 같은 '인간'으로 취급한 것이 아니라 자신들과는 다른 '비인간'으로 취급함으로써 죄책감을 덜었기 때문이다. 이처럼 상대방을 비인격적인 존재로 격하시키면 공격성이 자극되는 현상을 '비인간화 효과(Dehumanization Effect)'라고 한다.

상대방의 개인적 정보가 주어지지 않은 상황에서 사람들의 공격성이 늘어난다는 사실을 증명한 실험이 있다. 실험자는 대학생들에게 문제를 내게 하고, 상대방이 틀리면 전기 쇼크를 주도록 지시했다.

한 조건에서는 문제를 내는 사람이나 푸는 사람이 서로 인사를 하고, 각자의 명찰을 달게 했다. 반면에 다른 조건에서는 인사를 하는 절차를 거치지 않았을 뿐 아니라 헐렁한 실험 가운을 입고 머리에는 두건을 써서 상대방이 어떤 사람인지 전혀 파악할 수 없도록 했다. 서로의 정보를 모르는 조건의 학생들은 상대방에게 강한 전기 쇼크를 줬으나, 인사를 주고받아 서로 알고 있는 조건의 학생들은 전기 쇼크 주는 것을 주저했으며, 주더라도 약한 강도를 선택했다.

이런 비인간화 현상이 운전 중의 공격 행동과 관련돼 있다는 것을 밝힌 현장 연구가 있다. 심리학자 터너는 주택과 상가가 밀집돼 있는 시가지를 연구 지역으로 선택했다. 실험 보조자가 토요일 오전 9시부터 오후 5시까지 픽업트럭을 운전하면서 시가지를 돌아다니게 했는데, 운행 중 정지 신호를 받으면 차를 정차시키도록 했다. 그리고 빨간불에서 초록불로 바뀌더라도 12초 정도 차를 출발시키지 않도록 했다. 이때 실험자는 뒤에 있는 차들이 얼마만큼 경적 소리를 내는지 관찰했다.

한 조건에서는 뒤차의 운전자가 앞에 있는 트럭 운전자를 볼 수 없도록 뒤쪽 창문을 커튼으로 가렸다. 다른 조건에서는 커튼을 치지 않아 뒤차에서 트럭 운전자를 볼 수 있도록 했다. 연구 결과, 뒤차의 운전자들은 앞차의 운전자를 볼 수 없는 조건에서 경적을 더 많이 울린 것으로 나타났다. 이처럼 상대 운전자를 눈으로 확인할 수 없을 때 공격성이 증가하는 것은 앞차를 단지 자동차로만 보기 때문이다.

운전을 하고 있으면 자신의 정체가 쉽게 노출되지 않을 뿐 아니라 상대 운전자가 어떤 사람인지도 알 수 없다. 우리를 화나게 하는 것은 사람이 아니라 자동차라고 생각하기 때문에 상대 운전자의 나이에 상관없이 욕설을 퍼부을 수 있는 것이다.

안전하다고 생각할 때 더 화를 참지 않는다

아이가 자라는 과정을 살펴보면 분노보다 공포가 먼저 발달함을 알 수 있다. 부모가 혼내더라도 대항할 능력이 충분히 형성되지 않으면 무서워하고 우는 반응부터 나타난다. 그러나 혼자 걷고, 뛸 수 있을 때쯤이면 서서히 부모의 꾸중에 분노감을 나타내고 반항하기 시작한다. 도망갈 수 있는 능력이 생겼다고 생각하기 때문이다.

운전대를 잡았을 때 거칠게 행동할 수 있는 이유가 바로 여기에 있다. 자동차가 가지고 있는 가장 큰 장점인 기동성이 사람들이 더 쉽게 공격적인 행동을 하게 만드는 것이다.

길을 걷다가 지나가는 사람과 부딪치면 화가 나더라도 자제한다. 점잖게 표현할 수밖에 없는 것은 상대를 잘못 만나면 도망가지도 못하고 된통 당한다는 것을 알기 때문이다. 아이들도 남의 집에 가면 주눅이 들어 그 집 아이에게 비위를 맞추려는 경향이 있다. 그러나 자기 집에 돌아오면 사태가 달라진다. 이것저것 지시하거나 못마땅하면 너희 집에 가라고 고함을 치기도 한다. 싸워서 이길 수 있다고 생각하더라도 자기 집이 아닐 때는 저항하는 것을 포기한다.

이처럼 운전자들이 아무에게나 함부로 할 수 있는 이유 중 하나는 차 안을 안전지대로 생각하기 때문이다. 자동차는 견고한 철제문과 두터운 유리로 보호돼 있다. 설령 시비가 걸리더라도 침입자가 쉽게 접근하기 힘들다는 것을 알기에 멋대로 행동할 수 있는 것이다. 그러나 아무리 정당한 상황이더라도 운전 중에

화를 내면 결국 나만 손해다. 거친 운전을 피할 수 있는 방법에 대해 조금만 더 생각해 본다면 분노감도 줄어들고 여유 있는 운전을 즐길 수 있다.

운전을 하는데 어떤 차가 깜빡이도 켜지 않고 갑자기 끼어들어 사고가 날 뻔했다. 그런 상황에서 당신은 어떻게 반응할 것인가? 너무 놀라서 때문에 화를 낼 수 있다. 하지만 그럴 때 속으로 '잠깐!' 하면서 이런 생각을 해 보라. '만약 법정스님이 이 운전대를 잡고 있다면?', '만약 내가 김수환 추기경이라면?'

단지 그 사람이라면 했을 법한 말과 행동을 상상하는 것만으로도 우리의 표정과 말투가 달라질 수 있다. 불신과 의심의 관점에서 이해와 공감의 관점으로 생각의 틀이 바뀌기 때문이다.

KEY POINT

운전대를 잡으면 생리적 흥분의 증가로 인한 '터널 시야 현상'과 다른 운전자를 사람으로 보기보다 차량의 부속품으로 지각하는 '비인간화 현상'이 일어난다. 그리고 운전하고 있는 차를 자기만의 안전지대로 착각하기 때문에 평범한 사람들도 충동적이고 공격적인 반응을 보일 가능성이 현저히 높아진다. 그러므로 난폭 운전 혹은 보복 운전의 가해자나 피해자가 되지 않기 위해서는 운전대를 잡았을 때 사람들의 심리가 어떻게 돌변할 수 있는 지를 이해하고, 운전 시비로부터 벗어날 수 있는 방법에 대해 공부해야 한다. 운전은 삶을 살아가는 것과 여러 가지로 닮아서 운전하는 모습을 잘 들여다보면 그 사람의 진짜 면모를 알 수 있다.

10

좋아, 싫어 이외의 감정을 알면 달라지는 것

| 감정 명료화 |

감정에 이름을 붙이는 것은

감정이라는 문에 손잡이를 달아 주는 것이다.

- 존 가트맨

'짜증 나'를 입에 달고 사는 사람들이 있다. 그들은 배가 고파도, 졸려도, 길이 막혀도, 외로워도, 실패해도 그저 짜증 난다고 한다. 누군가 부러울 때도 미워하고, 답답할 때도 미워하고, 서운할 때도 미워하고, 실망할 때도 미워한다. 이들은 걸핏하면 짜증을 내고, 주변에 밉지 않은 사람이 없다. 자신의 감정조차 조절하지 못하고, 다른 사람의 감정에는 더더욱 공감하기 어렵다. 이들에게는 한 가지 공통점이 있다. 자신이나 타인의 감정을 제대로 인식하지 못한다는 것이다. 다시 말하면 자신이나 타인이 느끼는 감정 상태를 명확하게 구분하지 못하고 적절한 감정 명칭을 붙이지 못한다는 것이다.

서운함과 질투심은 다른 감정이다

자신이 느끼는 다양한 감정의 차이를 구분하지 못하고, 감정에 명확한 이름을 붙이지 못하면 감정 조절뿐 아니라 관계에서도 문제가 발생한다. 실제로 감정을 제대로 구분하지 못하고 적절하게 명명하지 못하는 사람들은 여러 가지 적응 문제를 겪을 수 있다.

극단적인 경우에는 감정 표현 어휘가 매우 빈약해서 자신이 어떤 감정인지도 모르고, 제대로 표현하지 못하는 감정 표현 불능증이 될 수도 있다. 여러 연구를 통해 감정에 명확한 이름을 붙일 줄 모르는 아이들은 그렇지 않은 아이들에 비해 사회적 상호 작용과 학습 행동에서 많은 어려움을 겪는다는 사실이 입증됐다.

그럼 감정에 적절한 이름을 붙이는 것이 왜 그렇게 중요할까? 감정 전문가 존 가트맨은 '감정에 이름 붙이기(Labelling)', 즉

'감정 명료화'를 감정이라는 문에 손잡이를 다는 것과 같다고 했다. 문에 손잡이가 없으면 들어가거나 나갈 수 없듯이 감정을 이해할 수도, 제대로 표현할 수도, 조절할 수도 없기 때문이다.

하지만 여기서 유의할 점은 어떤 상태의 감정에 반드시 한 가지 이름만 존재하지 않는다는 것이다. 경우에 따라서는 '서운한 감정'과 '미안한 감정' 그리고 '질투심'이 함께 느껴질 수 있다. 그렇다면 감정 명료화를 잘하면 어떤 이점이 있을까?

첫째, 공감받기와 공감하기를 잘할 수 있다.

상담하다 보면 심한 경우에는 자신의 감정을 '좋다'와 '싫다' 두 가지 감정만으로 표현하는 사람이 있다. 이는 총천연색의 아름다운 자연을 흑과 백으로만 표현하는 것과 같다. 이처럼 자신의 감정을 두 가지로만 표현한다면 자신의 감정을 명확히 이해하기 어렵고, 타인의 감정도 제대로 파악할 수 없다.

감정에 다양한 이름을 붙일 수 있다면 자신을 훨씬 잘 표현할 수 있고, 타인도 잘 이해할 수 있다. 그래서 자신의 감정에 적절한 이름을 붙이고, 자기가 느끼는 감정에 대해 설명을 잘할수록 타인의 지지와 공감을 받을 가능성이 높다. 게다가 타인의 감정을 더 명확하게 파악할 수 있고, 공감 능력이 발전해서 더 좋은 관계를 형성할 수 있다.

둘째, 감정 조절을 잘할 수 있다.

감정 조절이란 자신이 언제 어떤 감정을 느끼고, 어떻게 표현하고, 어떻게 해소해야 하는지를 알고 조절하는 능력이다. 예를 들면 모든 불쾌한 상황에서 막연하게 '짜증 난다'고 하나의 감정으로 뭉뚱그려 명명했던 사람이 '아, 이런 감정이 억울함이구나', '이런 감정은 부러움이구나', '이런 감정이 서운함이구나' 하고 감정 명료화가 가능해지면 그 감정을 처리할 방법을 찾기가 쉬워진다. 그리고 다음에 비슷한 상황이 발생했을 때 '서운할 때는 이렇게 하면 되지' 하며 쉽게 대처할 수 있다. 또한 감정에 이름을 붙이면 즉흥적이고, 충동적으로 반응하기보다 감정에 거리를 두고 바라볼 수 있어 보다 합리적인 해결책을 찾아낼 수 있다.

셋째, 스트레스를 적게 받는다.

부정적인 감정이 들 때 그 감정을 명료화하지 못하면 어떻게 대처해야 할지 몰라 머릿속은 더 혼란스러워지고 기분 나쁜 느낌만 지속될 수 있다. 하지만 감정에 이름을 붙이면 막연하고 모호한 감정이 분명해지면서 기분이 한결 개운해진다. 표현도 쉽고, 공감과 지지를 많이 받을 수 있어 스트레스 받을 일이 줄어든다.

이외에도 감정을 명료화할 수 있으면 효과적인 해결책을 쉽게 찾아낼 수 있기 때문에 스트레스를 받더라도 신속하게 벗어날 수 있다. 실제로 혐오 자극에 대한 이름을 붙이기만 해도 혐오 자극이 나타날 때 피부 전도 반응이 낮아지는 자율 반응이 나타난다.

감정을 표현할수록 고통이 줄어든다

미국 UCLA 정신의학과 교수 매튜 리버만은 실험을 통해 감정 표현만으로도 고통이 줄어든다는 사실을 확인했다. 연구 팀은 피험자들에게 부정적인 감정을 표현한 사진을 보여 주고 표정에 이름을 붙이게 했다. 그 결과 감정에 이름을 붙인 참가자들은 그렇지 않은 참가자들에 비해 정신적 고통을 덜 느꼈다고 한다.

한 걸음 더 나아가 연구 팀은 감정 명료화가 공포증 치료에도 도움이 되는지 검증하기 위해 거미 공포증을 가진 사람들에게 거미가 담긴 상자가 있는 방에 머무르게 했다. 일부 참가자들에게는 그 상황에서 느낀 감정을 말로 표현하게 했고, 나머지에게는 오로지 사실만 중립적 언어로 설명하게 했다. 그 결과, 감정에 이름을 붙이고 그것을 말로 표현한 집단이 거미 상자에 더 가까이 접근할 수 있었다. 그리고 거미를 보는 동안 '불안', '공포' 와 같은 감정 단어를 더 많이 표현할수록 그런 감정을 적게 느꼈다.

KEY POINT

자신과 다른 사람들이 느끼는 다양한 감정을 구분하고, 각기 다른 감정에 적절한 이름을 붙여서 표현할 수 있다면 우리는 자신과 타인을 더 잘 이해할 수 있다. 상대에게 내 감정을 더 잘 전달할 수 있어 지원과 공감을 받고, 타인의 감정을 더 잘 파악할 수 있어 공감 능력도 높아진다. 게다가 풍성한 감정 어휘를 구사할 수 있다면 감정 조절도 효과적으로 할 수 있기 때문에 스트레스도 적게 받는다.

11

질병에 취약한 성격이 따로 있다

| **A형 성격** |

인간은 사물로 인해 고통받는 것이 아니라

사물에 대한 관점 때문에 고통받는다.

- 에픽테토스

시험 날이 되면 학교의 화장실은 어느 때보다 붐빈다. 긴장하면 오줌이 더 자주 마렵기 때문이다. 아이들의 경우 심하게 혼나거나 갑자기 놀라면 바지에 오줌을 싸는 일이 있으며, 어른들 중에도 긴장이나 불안 수준이 높은 사람들은 화장실을 자주 찾는다. 강아지나 고양이도 마찬가지다. 스트레스를 받으면 자동으로 방광이 축소되는데, 이는 위험 상황에서 불필요한 체중을 줄이는 것이다. 그래야 도망가거나 싸울 때 유리하기 때문이다.

스트레스를 받으면 눈동자가 커지고, 심장 박동 수가 증가한다. 간에서는 포도당과 스트레스 호르몬을 분비하고, 지방과 단백질을 당분으로 전환하기 때문에 혈압, 호흡수가 증가한다. 이와 함께 근육 긴장, 방광의 축소, 소화 활동과 침 분비 억제, 엔도르핀 분비, 피하 혈관 수축, 적혈구 방출, 백혈구 방출, 식은땀 분비 등 복잡한 생리적 변화가 일어난다.

이 복잡한 신체 반응은 거의 한꺼번에 일어나며, 몸이 스스로 알아서 반응하기 때문에 '자율 신경계 반응'이라고 한다. 이런 반응들은 위협 상황에 맞서 효과적으로 싸우거나 도주하기 위해 필요하다. 이처럼 스트레스 상황에서 활성화되는 자율 신경계를 '교감 신경계'라고 한다.

그러나 스트레스로 인한 신체적 흥분이 만성화되면 여러 가지 질병이 생긴다. 스트레스 상황에서 나타나는 신체 반응과 관련된 질병을 알아보자.

스트레스와 관련된 다섯 가지 질병

○ 위장 기능이 저하돼 소화가 안 된다.

기분이 나쁠 때 우리는 "속상해"라고 말한다. 게다가 "사촌이 땅을 사면 배가 아프다", "밥 먹을 때는 개도 안 건드린다"라는 말도 있다. 그만큼 스트레스와 소화의 관계는 밀접하다. 우리 몸은 스트레스를 받으면 그에 대처하기 위해 에너지를 동원하는데, 이것이 바로 침과 소화액의 분비가 억제되고 위장의 운동이 줄어드는 이유다. 그래서 속이 더부룩하거나 쓰리고, 긴장하거나 초조할 때 혹은 겁먹었을 때 입이 마른다. 이외에도 뭔가를 몰래 엿보거나, 사귀기 전의 남녀가 호젓한 곳에서 단둘이 있을 때도 입이 탄다. 그만큼 스트레스를 받고 있다는 증거다.

반면에 우울함과 피로를 느끼거나 놀라고, 압도되는 상황에서는 반대의 반응이 나타나 신체가 정상 수준 이하로 기능한다. 이런 상황에서는 분비선에 혈류량이 감소하기 때문에 위에서 음식물의 분쇄를 돕는 염산과 같은 독한 물질에 대항하고 위벽을 보호하는 기능이 저하된다. 그래서 지속적인 스트레스는 위궤양을 유발할 가능성이 높다. 게다가 소장이나 대장에서도 유사한 일이 일어나기 때문에 만성 스트레스로 인한 장염이 생길 수 있다.

○ 혈관이 불규칙한 수축과 팽창을 반복해 두통이 잦다.

현대인이 가장 많이 겪고 있는 또 하나의 고질병은 두통이다. 두통약 광고가 요란한 것만 보더라도 얼마나 많은 사람이 두통에 시달리고 있는지 알 수 있다. 치열한 판매 경쟁을 벌이는 회사의 중역들 중 80% 가량이 두통을 경험한다는 연구 보고서가 두통의 심각성을 더 실감나게 해 준다. 사람들이 감당하기 힘든 일이 있을 때 "골치 아프다"라고 말하는 것은 그만큼 두통이 스트레스와 깊이 관련돼 있음을 의미한다.

편두통은 대뇌와 대뇌 주변의 혈관이 지나치게 수축과 팽창을 반복하기 때문에 생긴다. 혈관의 불규칙적이고 과도한 수축과 팽창이 지엽적 신경 말단을 자극하는 독성 화학 물질 분비를 유도해 통증을 유발한다.

○ 근육이 긴장해서 굳는다.

지겨운 강의를 꼼짝없이 듣고 난 후나 오랫동안 어려운 일을 한 다음에는 뒷목과 어깨가 뻐근하고 허리도 아프다. 또한 초조하면 다리를 떨게 되며 어려운 사람 앞에서는 말도 더듬고, 여러 사람의 시선이 집중되면 갑자기 입이 굳어서 아는 노래도 틀린다. 이 모든 것은 근육이 과도하게 긴장하기 때문이다. 스트레스로 인한 근육의 긴장은 두통, 요통, 식도와 결장의 경련, 자세 문제, 천식, 인후와 흉곽의 답답함, 류마티스 관절염, 변비나 설사 등 수많은 정신적, 신체적 질병을 일으킨다.

하지만 근육의 긴장 자체보다는 오히려 긴장된 근육을 풀어주지 못하는 것이 더 큰 문제다. 스트레스로 인해 굳은 근육도 적절하게 풀어 주기만 하면 문제가 되지 않는다. 운동이 스트레스 해소에 좋다고 하는 것은 긴장된 근육이 운동을 통해 이완되기 때문이다.

○ 피부의 온도가 떨어져 피부 질환이 생긴다.

시험을 볼 때 부정행위를 하다 들켰을 때처럼, 긴장하거나 놀라면 진땀이 난다. 스트레스를 받으면 피부에서는 땀을 분비하고, 모세 혈관의 직경 및 피부의 온도 등에서 변화가 일어나기 때문이다. 피부 밑에는 정서에 따라 다른 반응을 보이는 미세한 혈관들이 있다. 긴장과 불안을 느끼는 동안에는 그 혈관들이 닫혀 혈액이 적게 흐르므로 피부의 온도가 떨어져 창백해 보인다. 따라서 스트레스가 반복될수록 습진 탈모증, 무좀 또는 기미와 같은 피부 질환이 심해질 수 있다.

또한 정서적으로 흥분하면 피부 세포들이 방출하는 진물의 양이 증가한다. 습진 환자들이 침착하지 못하며 참을성이 없고 안절부절못한 성격을 지니고 있는 것은 이들이 받는 스트레스가 정상적인 사람들에 비해서 많다는 것을 의미한다.

○ 가만히 있어도 심장 박동 수가 증가해 혈압이 높아진다.

달리기를 하거나 계단을 빠르게 걸어 올라가면 평소에 비해 가슴이 더 두근거린다. 신체 활동이 증가하면 혈액을 더 많이 공급해야 하기 때문이다. 그런데 스트레스를 받을 때는 신체를 사용하지 않는데도 자율 신경 반응으로 심장이 많은 혈액을 뿜어낸다. 혈액이 사용되지 않는 상황에서 심장 박동 수만 늘어나면 혈관의 압력은 불필요하게 증가한다. 이것이 만성적인 스트레스가 고혈압을 유발하는 이유다.

같은 스트레스를 받아도 심장병에 걸릴 가능성이 높은 성격을 가지고 있는 사람들이 있다. 심장병을 연구하는 프리드만 교수와 연구자들은 심장병 환자들을 진료하는 과정에서 이들의 특징적인 행동 패턴을 확인했다.

그들은 심장병 환자들이 대기실에서 안절부절못하고, 대화가 항상 시간, 일, 성취 등에 집중돼 있다는 점에 주목했다. 프리드만과 연구자들은 장기간의 관찰 결과를 토대로 심장병에 잘 걸리는 사람들의 성격 특성을 규명했으며, 이를 'A형 성격(A-type Personality)'이라고 이름을 붙였다.

이 성격을 가진 사람들은 극히 경쟁적이고, 성취 지향적이며, 언제나 급하고, 편하게 쉬지를 못하며, 화를 참지 못하는 특성을 보인다. 이들은 평소에 스트레스를 많이 받기 때문에 콜레스테롤 수치와과 혈압이 높아 심장에 문제가 발생하기 쉽다. 3,411명의 심장 발작 환자를 조사한 결과, 그중 72~85%가 심장병이 생기기 전에 A형 행동 패턴으로 생활해 왔음이 밝혀졌다.

A형 성격의 여섯 가지 특성

○ 시간을 철저하게 지키고 항상 긴박감을 느낀다.

제 시간에 일을 마쳐야 하며, 단기간에 가능한 한 많은 일을 하려고 하기 때문에 항상 초조하고 바쁘다. 제스처가 많고 발을 흔들거나 손가락을 두드리는 등 초조한 행동을 자주 보인다.

○ 공격적이고 적대적이며, 참을성이 없다.

자극적인 말을 많이 하며, 줄 서서 기다리는 것을 참지 못하고, 운전할 때 끼어드는 차에 쉽게 화를 내는 등 공격적이고 충동적인 행동을 한다. 자신보다 못한 사람이 있으면 참지 못하고, 자기가 직접 나서서 해치운다.

○ 성취 지향적이고 적극적이다.

야망 수준이 높고, 투쟁적으로 일을 한다. 그렇기 때문에 편히 쉬지를 못하고, 아무것도 하지 않는 것을 견디지 못하며, 항상 조급하게 생활한다.

○ 경쟁적이고 승부욕이 강하다.

무슨 일이든 잘해야 하기 때문에 지는 것을 견디지 못한다. 인생 자체가 도전이라고 생각하고 지기 싫어하기 때문에 어린 아이들과의 경쟁에서도 이기려고 한다. 자신이나 타인의 성패 정도를 숫자로 평가하기를 좋아한다.

○ 한꺼번에 여러 가지 일을 한다.

머리 회전이 빠르기 때문에 계단을 2개씩 오르거나 식사하면서도 신문을 보고, TV의 뉴스를 들으면서 대화를 하는 등 한꺼번에 여러 가지 일을 해야 직성이 풀린다.

○ 심미안이 결여돼 있다.

그림이나 음악 등 예술에 대한 진정한 관심이 부족하고 대화의 주제가 항상 시간, 일, 성취 등에 집중돼 있다.

스트레스는 만병의 근원이다. 계속 스트레스를 받으면 교감 신경계의 흥분 상태가 지속된다. 교감 신경계의 지속적 흥분은 면역 기능을 저하시키고, 이와 관련된 다양한 신체 질환을 야기한다. 소화기 질환, 두통, 요통, 관절염 및 다양한 피부 질환과 심혈관계 질환에 걸리게 된다. 그중에서도 스트레스를 받을 때 심장병에 걸릴 가능성이 높은 사람들이 있는데, 이들을 'A형 성격'이라고 부른다.

12

사촌이 땅을 사면 밥부터 사라

| 제로섬 게임 |

다른 이의 슬픔을 같이 하는 것은 누구나 가능하지만,

기쁨을 같이 하는 것은 천사만이 할 수 있다.

- 윌리엄 셰익스피어

친하게 지내는 친구에게 좋은 일이 생기면 축하도 해 주고 덩달아 기뻐한다. 그런데 내가 부러워할 정도로 좋은 일인 경우라면 마냥 기쁘지만은 않다.

돌아서면 왠지 부아가 뒤집히고 신경질이 난다. '그러지 말아야지' 하면서도 어쩔 수 없는 것이 인간의 마음이다. '내가 그렇게 옹졸한가' 하는 생각이 들면 자신에게까지 화가 나서 더욱더 우울해진다.

다음은 상담하면서 만났던 어떤 주부의 이야기다.

'결혼한 지 10여 년 만에 겨우 전셋집을 면했다. 그동안 전셋값을 올려 주지 못해서 또는 집을 비우라는 집주인의 요구 때문에 숱하게 이사를 하느라 마음고생이 이만저만이 아니었다. 이제 내 집을 갖게 됐으니 그런 고생은 안 해도 된다는 생각에 몸이 피곤한지도 모르고 이사를 마쳤다. 그런데 나보다 늦게 결혼했는데도 더 빨리 집을 장만한 친구 집을 가 보니 우리 집보다 두 배는 넓었다. 집에 돌아오니 내 집이 그렇게 좁아 보일 수가 없었다. 집 문제 때문에 부부 싸움을 할 일은 없을 것이라고 생각했다. 그런데 바로 그날 남편에게 괜한 짜증을 부려 결국은 싸움을 하고 말았다.'

언젠가 기업의 중견 간부들을 대상으로 한 조사에서 "직장생활에서 가장 괴로울 때는 언제 입니까?"라는 질문을 했는데, 100명 중 98명이 "입사 동기가 승진했을 때"라고 응답했다. 물론 면전에서야 모두 상대에게 아낌없는 축하를 해 줬을 것이다. 하지만 돌아서면 얘기가 달라진다. 우리 중 과연 "나는 아니야"라고 자신 있게 말할 수 있는 사람은 몇이나 될까?

적당히 가깝고, 적당히 잘날수록 질투가 난다

"사촌이 땅을 사면 배가 아프다"라는 속담이 있다. 이는 주변의 어떤 사람이 잘되면 기쁜 마음보다 오히려 질투가 나는 것이 인간의 보편적인 심리임을 말해 준다. 그런데 일촌이나 이촌도 아니고, 사돈의 팔촌도 아니고 왜 하필이면 사촌일까?

일촌인 아버지가 승진했을 때 배가 아픈 아들이 있을까? 일촌인 딸이 장학금을 받았다고 속상해 하는 엄마가 있을까? 있다면 그 사람은 진짜 자식이나 진짜 부모가 아니다. 그렇다면 빌 게이츠가 세계 최고의 부자라고 기분이 나쁠까? 손흥민 선수의 연봉을 보면서 소화가 안 되는 사람이 있을까?

그런데 절친하게 지내는 입사 동기가 나보다 먼저 승진을 한다면? 친했던 고등학교 동창이 시집을 잘 가서 으리으리한 집에서 호강을 한다면? 게다가 평소에 그를 별 볼 일 없다거나, 자신보다 못한 사람이라고 생각했다면? 이 사건은 매우 심각한 소화장애를 초래한다.

이는 부모 자식 관계처럼 아주 가까운 사이나 자신과는 전혀 상관도 없는 사람보다 가깝고도 먼 사이, 경쟁 상대가 될 만한 사람이 잘 됐을 때 시기심을 느낀다는 말이다. 왜 그럴까?

사람들은 자신의 자존감과 가치를 판단하기 위해 항상 누군가와 비교를 한다. 비교 대상은 주로 주변에 있는 가까운 사람이거나 배경이 비슷한 사람이다. 마라톤 경기에서의 경쟁 대상이 언제나 함께 출전한 선수들에 국한되는 것과 같은 이치다. 자신의 기록과는 상관없이 누군가 자신보다 빨리 달린다면 패자가 되고, 아무도 자신을 따라잡지 못한다면 승자가 된다.

게임에서 한 사람이 이득을 보면 다른 사람은 손실을 입는다. 즉 고스톱 판에서도 따는 사람이 있으면 반드시 누군가는 잃기 마련인 것처럼 집단 구성원 모두의 득과 실의 총량은 제로, 0이 되는 것이다.

제로섬이란 원래 경제학의 한 분야인 게임 이론에서 유래된 말이다. 이 개념은 인간의 사회적 행동에도 유용하게 적용될 수 있기 때문에 사람들이 타인과 비교해 자신의 득실을 계산하는 과정을 설명하는 데 사용하기 시작했다.

예를 들어 어떤 집단을 경기장으로 비유한다면 한 선수의 실적은 다른 선수의 실적에 곧바로 영향을 미친다. 이처럼 사람들 간의 득실이 서로 영향을 미치는 것을 '제로섬 게임(Zero-Sum-Game)'이라고 부른다.

운동선수들이 자신의 기록을 갱신했다는 것만으로 만족하는 경우는 드물다. 아무도 그 사람을 따라잡을 수 없을 때만이 진정한 승자가 될 수 있다. 아이들이나 학부모들이 점수 자체보다 등수에 더 신경을 쓰는 것도 같은 이치다. 나아가 사람들이 인생에서 행복감을 경험하는 것도 제로섬 게임으로 설명할 수 있다. 예전보다 더 살기가 좋아졌음에도 사람들의 불만족은 여전히 존재하기 때문이다.

내 땅을 빼앗아 간 것도 아닌데 사촌이 땅을 사면 배가 아프다. 항상 나보다 낫다고 생각하는 친구가 부부 싸움을 해서 괴로워 하면 안타까워 위로해 준다. 그러나 내심 조금은 행복감을 느끼기도 한다. 그 집이 싸운다고 해서 우리 집에 보탬이 되는 것도 아닌데 말이다.

제로섬 게임이 아니라 윈윈 게임으로 생각하라

병원에서 고통스러워 하는 환자들을 보면서 여태까지 느끼지 못했던 건강에 대한 감사와 안도감이 생기는 것도 같은 이치다. 어떻게 보면 제로섬 게임식의 생각은 비인간적이고 비정하기 짝이 없는 사고방식이다. 그러나 자원이 한정된 인간 세상에서는 피할 수 없는 현실인지 모른다. 승진할 수 있는 자리는 한정적이니 동료가 승진을 하면 당연히 내가 승진할 수 있는 가능성은 줄어든다. 자원의 양이 한정된 경우에 한 사람이 이득을 보면 다른 사람은 그만큼 잃기 마련이다.

자원의 양이 한정되지 않은 상황에서도 이런 제로섬 게임식의 사고방식이 쉽게 사라지지는 않는다. 심지어는 나에게 별로 필요하지 않은 하찮은 것도 남 주기는 아깝다는 생각이 들 때가 있다. 남이 요긴하게 쓰고 좋아하면 왠지 속상해지는 것이다. 배우자감으로 생각해 본 적도 없던 이성 친구에게 애인이 생기면 내심 섭섭한 마음이 들고 심술이 나기도 한다. 남이 행복하면 그만큼 나는 불행해진다는 계산 때문이다.

하지만 이런 끊임없는 비교에 의해서만 행복이 성취될 수 있다고 생각하면 결국 점점 더 불행해질 뿐이다. 제로섬 게임에 따르면 다른 사람의 이득은 곧 자신의 손실이 된다. 그래서 내 집과 땅은 그대로 있음에도 남의 집이 넓어지면 내 집은 좁아 보이고, 사촌이 땅을 사면 배가 아픈 것이다.

제로섬 게임의 상황에서도 자존감을 유지할 수 있는 방법이 있다. 그것은 상대를 깎아내려 반사 이득을 취하는 것이다. 그래서 우리는 잘나가는 친구가 실패하거나 잉꼬부부로 소문난 친구가 부부 싸움을 했다는 소식을 들으면 위로하는 척하면서도 속으로 '깨소금 맛'이라고 쾌재를 부른다.

이런 시기심은 정말 나쁜 것일까? 물론 시기심 자체가 나쁜 것은 아니다. 왜냐하면 그것은 인간의 원초적인 본능이고, 성장과 발전에 도움이 되기 때문이다. 시기심이 나쁜 것은 자신과 타인을 위해 나쁘게 작용할 때만 그렇다. 하지만 유감스럽게도 시기심은 나쁜 방향으로 작용하는 경우가 많다.

시기심이란 오로지 자신만 소유해야 한다고 생각하는 지위, 재산, 명예, 사랑 등을 다른 사람이 갖고 있을 때 느껴지는 부정적인 감정이다. 이런 시기심은 네 가지 유형으로 나뉜다.

첫째, 적대적인 시기심이다.

이는 자신이 소유하기를 갈망하는 것을 타인이 소유했다는 사실에 적대감을 갖는 것이다.

둘째, 우울한 시기심이다.

이는 상대가 정당하게 소유했다는 것을 인정하지만, 자신에게는 그것을 소유할 수 있는 능력이 없다고 생각할 때 느끼는 감정이다.

셋째, 분노에 찬 시기심이다.

상대방이 정당하지 못한 방법으로 소유했다고 판단할 때 느끼는 감정이다.

넷째, 야심에 찬 시기심이다.

상대방이 소유한 것을 인정하면서 자신 역시 그렇게 될 수 있다고 생각하며 노력하는 것이다.

앞의 세 가지 시기심은 모두 부정적으로 작용할 수 있는 것들이다. 상대를 적대시하거나, 우울증에 빠지거나, 분노하지 않게 만드는 유일한 시기심은 마지막 네 번째 유형이다. 성공하는 사람과 실패하는 사람은 다른 방식으로 생각하고 다른 방식으로 행동한다. 성공하는 사람은 제로섬 게임식의 생각이 아니라 윈윈 게임식으로 생각을 한다.

성공하는 사람은 자기보다 우월한 사람을 보면 그들을 존경하고 그에게서 따라 배울 수 있는 장점들을 찾아낸다. 반면 실패하는 사람들은 우월한 사람을 보면 시기하고 그들에게 어떤 결점이 있는지를 찾는다. 배우려고 하기보다 상대를 깎아내리는 데 더 많은 에너지를 소모한다.

우리가 성장하고 발전할 수 있는 가장 효과적인 방법 중 하나는 이미 성공한 사람들을 존중하고, 그들의 삶을 본받는 것이다. 이런 태도의 가장 큰 이점은 많은 시행착오를 거치지 않고 성공의 비결을 배울 수 있다는 것이다.

영국의 속담에는 "부자가 되려면 부자에게 점심을 사라"라는 말이 있다. 부자에게 얻어먹으려고 애쓰기보다 오히려 점심을 사라는 이 말은 과연 무엇을 의미할까? 상대를 대접하라는 말이다. 왜? 그것이 바로 그들로부터 배우려는 자세기 때문이다. 그러니 땅을 산 사촌이 있다면 자존심일랑 접어 두고 진심으로 축하해 주고, 일단 점심부터 사라.

KEY POINT

실패할 사람들은 사촌이 땅을 사면 배가 아프다. 하지만 성공할 사람들은 다르다. 땅을 산 사촌을 시기하거나 질투하지 않는다. 그의 성공을 진심으로 축하하고, 그로부터 배우려고 한다. 그리고 땅을 샀으니 한턱내라고 하기보다 축하한다면서 오히려 자신이 한턱내겠다고 제안한다. 그래야 대접받은 사촌이 땅을 살 수 있는 노하우를 가르쳐줄 것이고, 그럼으로써 시행착오를 줄이고, 더 빨리 땅을 살 수 있기 때문이다. 부자가 되고 싶다면 빈자의 마인드에서 부자의 마인드로 관점을 바꿔야 한다.

PART 2

어떻게 보면 인간관계가 좋아질까

편견을 깨는 관계의 법칙

13

낭만적인 사랑에는 고난이 필요하다

| 로미오와 줄리엣 효과 |

우리는 항상 금지된 것을 갈망하며,

우리에게 거부된 것을 원한다.

- 프랑수아 라블레

소설이나 시, 명곡, 영화 속에서 '사랑'이라는 말만큼 많이 쓰는 단어도 찾기 힘들다. 사랑도 여러 가지지만 만인이 그리는 것은 바로 낭만적 사랑이다. 어떤 사람은 첫눈에 불이 붙어 정열적으로 사랑하고, 어떤 사람은 자신도 모르게 서서히 사랑에 빠진다. 또한 백발이 돼서도 낭만적인 사랑에서 벗어나지 못하는 사람들이 허다하다.

사람들은 사랑 때문에 목숨을 버리기도 하며, 전쟁을 일으키거나 살인을 하기도 한다. 그만큼 사랑의 속성 자체가 고귀하고 신비하기 때문에 아주 오랫동안 낭만적인 사랑에 대한 학문적인 연구가 금기시됐다. 사람들은 어쩌면 사랑만은 여전히 신비스러운 상태로 남겨 두고 싶고, 인간의 손에 의해 분석되고 파헤쳐져서는 안 된다고 생각했는지 모른다.

사랑으로 착각하는 심리적인 순간들

낭만적인 사랑에 빠지는 요인이나 상황은 수없이 다양하다. 당사자의 성격이나 취향은 물론 상대방의 외모나 태도뿐 아니라 주변의 상황에도 영향을 받는다.

기억에 남는 소설이나 영화 속의 사랑은 늘 비극적이다. 정말로 소설 《로미오와 줄리엣》이나 영화 〈러브 스토리〉, 〈라스트 콘서트〉처럼 역경이나 고난 없이는 낭만적 사랑이 불가능한 것일까?

심리학자 더튼은 역경 속의 사랑이 더 아름답게 느껴지는 이유를 확인하기 위해 다음과 같은 실험을 했다. 그는 남자 대학생들에게 험난하고 급류가 흐르는 계곡의 70m 상공에 있는 너비 1.5m, 길이 137m 정도 되는 다리를 건너게 했다. 이 다리는 허름한 널빤지로 만들어졌으며 밧줄로 된 손잡이가 매우 낮게 설치돼 있었다. 그래서 균형을 잡기가 매우 힘들었고, 건너가는 사람이 심한 공포감을 느낄 수밖에 없었다. 반면에 다른 다리는 강의 지류에서 3m 정도 높이밖에 되지 않았으며, 튼튼하고 널찍해서 건너기가 쉬웠다.

더튼은 한 여성에게 남학생들이 다리에서 내려오면 자신을 심리학을 연구하는 사람이라고 소개하면서 그들에게 접근하도록 했다. 그녀는 남학생들에게 여학생의 사진을 보여 주면서 사진에 대해 상상해서 이야기를 만들도록 했다. 그리고 자신의 이름과 전화번호를 알려 주고 추후에 궁금한 것이 있으면 언제든지 전화해도 좋다고 말했다.

연구 결과, 각각 다른 다리를 건넌 남학생들에게서 두 가지 차이점이 발견됐다. 우선 위험하고 불안한 다리를 건넌 남학생들은 튼튼하고 넓은 다리를 건넌 남학생들에 비해 동일한 사진을 보고도 사랑과 성에 관한 내용을 더 많이 이야기했다. 게다가 전화번호를 알려 준 여성에게 전화를 하겠다는 대답도 더 많이 했다.

이런 결과를 어떻게 설명할 수 있을까? 고공의 흔들리는 다리를 건너면 당연히 긴장감과 불안감 등 생리적인 흥분을 경험한다. 그리고 내려와서도 이런 생리적인 흥분은 쉽게 가라앉지 않는다. 그 순간 그들은 무의식적으로 자신이 흥분하는 이유를 찾는다. 눈앞에 여학생의 사진이 있으므로 상대방의 매력이나 성적인 요소에서 그 이유를 찾을 가능성이 높다.

반면에 튼튼한 다리를 건넌 남학생들은 생리적으로 덜 흥분하기 때문에 동일한 사진을 보고도 사랑에 대해 덜 상상하고, 접근한 여성에게 매력을 덜 느꼈던 것이다.

실제로도 연인들이 데이트할 때 스릴 넘치는 놀이 기구를 많이 찾는 경향이 있는데, 이는 놀이 기구를 탈 때 느끼는 흥분이 사랑의 감정을 단시간에 고조시키기 때문이다.

학생들의 경우에도 한가하고 스트레스가 없을 때보다 공부할 것이 너무 많거나 고민이 많을 때 사랑의 가슴앓이를 더 많이 한다. 전투에 참가하기 직전이나 전투 상황에서 군인들이 사랑을 갈구하는 것도 같은 이유로 해석할 수 있다.

반대가 없었어도 로미오와 줄리엣이 사랑했을까?

심리학자들은 사람들이 좌절감을 겪거나 불안하고, 무섭고, 두려울 때 더 쉽게 사랑에 빠지는 이유 중의 하나를 '오귀인 현상(Misattribution)'으로 설명한다. 여기서 '귀인'이란 행동의 원인을 찾는 것을 말한다. 따라서 오귀인 현상은 질병, 전쟁, 천재

지변 및 부모의 반대로 인한 좌절감이나 불안감 때문에 흥분하는 것을 사랑 때문이라고 잘못 귀인 하는 것이다.

예를 들어 《로미오와 줄리엣》처럼 양가 부모가 반대를 하거나 그들의 사랑을 방해하는 연적이 나타났을 때 사람들은 더 깊은 사랑에 빠지고 더 정열적인 사랑을 나눈다. 이를 '로미오와 줄리엣 효과(Romeo & Juliet Effect)'라고 한다. 사람들은 상대가 중병에 걸렸거나 천재지변을 당했을 때 혹은 사회 계층의 벽이 있을 때 안타까움과 좌절감을 느끼는데, 그로 인한 흥분을 서로 너무나 사랑하기 때문이라고 착각하는 것이다.

아시다시피 로미오와 줄리엣은 무도회장에서 처음 만나 첫눈에 사랑에 빠진다. 원수지간인 양가 부모의 반대는 두 사람을 더욱더 밀착시키는 계기가 되고, 지고지순한 사랑을 나누다가 비극적인 결말을 맞는다.

그런데 양가의 반대가 없었어도 이들의 사랑이 그토록 열렬할 수 있었을까? 어쩌면 아닐지 모른다. 아니, 아닐 가능성이 더 높다. 사실 로미오는 줄리엣을 만났을 때 이미 사랑하는 여인이 있었다. 어쩌면 잠시 사랑을 불태우다가 금방 헤어지고 쉽게 다른 사람과 사랑에 빠졌을지 모른다.

미국 심리학자 드리스콜은 280명의 남녀 커플을 대상으로 로미오와 줄리엣 효과를 검증했다. 연구 결과, 부모의 반대가 강할수록 커플의 사랑이 깊어진다는 사실을 확인했다.

즉 부모의 간섭과 개입이 심할수록 커플은 더욱더 깊이 사랑한다는 것이다. 그리고 처음에는 부모가 간섭을 많이 하다가 나중에 간섭 정도가 줄어들자 서로 사랑의 강도가 점차 약해지는 사실도 확인했다. 오래전의 전설 같은 셰익스피어의 로미오와 줄리엣 이야기가 사실임을 검증한 것이다.

손쉽게 쟁취하거나 내버려 둬도 이뤄지는 사랑은 정열적으로 불타오를 수가 없다. 안 될 수밖에 없는 사랑을 해야 더 진한 사랑을 느낀다. 그래서 아름답고 낭만적인 사랑은 전쟁, 불치병, 부모의 반대 등 역경 속에서 더 활짝 꽃을 피우는 것인지 모른다. 하지만 여기에는 오귀인 과정으로 인한 인지적 착각이 관여할 수 있음을 염두에 둬야 한다.

단지 생리적인 흥분만으로 그것을 사랑이라고 착각할 수 있다. 그리고 부모의 반대 등 역경과 좌절감으로 인한 생리적인 흥분을 너무나 사랑하기 때문이라고 잘못 귀인 하면 많은 문제가 생길 수 있다. 오래 사랑하면서 행복한 결혼 생활을 유지하고 싶다면 사랑에 빠진 이유가 무엇인지를 냉철하게 검토해 봐야 한다. 부모를 포함해서 누군가 열렬히 반대한다면 무조건 저항만 하지 말고, 자신이 확인하지 못한 타당한 이유가 있는지도 냉정하게 고려해 봐야 한다.

14

뒷담화가 무조건 나쁠까?

| 정화 효과 |

뒷담화는 세 사람을 죽인다.

뒷담화 대상, 뒷담화 하는 사람, 그것을 들어 주는 사람.

- 사무엘 벤 나만

사람들이 만나 이야기하다 보면 자연스럽게 타인이 화제의 주인공으로 등장한다. 화제의 인물은 주로 직장 상사나 동료, 친구 등 잘 알고 지내는 주변 인물이지만 정치인이나 연예인이 될 수도 있다. 연령이나 학력, 직업에 따라 진행이나 표현에서 다소 차이를 보이기는 하나 남녀노소 모이면 남의 이야기가 빠지지 않는다.

우리는 가끔 어떤 사람을 칭송하고 부러워하기보다 험담하는 데 훨씬 더 재미를 느낀다. 처음에는 "아무개 있잖아. 그 친구 사람은 좋아…" 하면서 다소 긍정적으로 시작한다. 그러나 대화를 하면서 "그런데 말이야. 꽉 막힌 구석이 있던데" 하고 점차 험담 쪽으로 기울어진다. 험담이 바르지 않다는 것을 알면서도 사람들이 쉽게 미련을 버리지 못하는 이유가 있다.

뒷담화로 얻을 수 있는 세 가지

○ 뒷담화를 하면서 스트레스를 푼다.

살다 보면 이래저래 불만스러울 때가 많다. 욕구 불만의 대부분은 사람들과의 관계에서 생성되지만, 그렇다고 매번 대놓고 화풀이를 할 수도 없는 노릇이다. "말은 해야 맛이고 고기는 씹어야 맛"이라는 말이 있듯이 마음에 들지 않는 사람들에 대한 불만을 털어놓으면 속이 후련해진다. 이런 현상을 심리학에서는 '정화 효과(Catharsis Effect)'라고 한다.

직장인들이 술자리에 모였을 때 안줏감으로 상사를 헐뜯고, 흉보고, 씹는 것은 말단 사원들이 상사에게 대놓고 스트레스를 해소할 수 없기 때문이다. 상대에게 직접적인 피해를 주지 않으면서 스트레스를 푸는 데 험담만큼 효과적인 것도 없다. 또 말이라는 것은 듣는 사람이 전하지만 않는다면 흔적이 남지도 않기 때문에 보복 가능성도 적고 책임도 가볍다.

○ 누군가를 험담하면서 서로 친해진다.

정치인들은 선거철만 되면 이합집산을 한다. 어제의 적이 오늘의 동지가 될 수 있는 이유가 있다. 비록 이념이나 정책이 서로 다를지라도 어떤 사람과 싸워야 할 때는 힘을 합치는 것이 유리하기 때문이다.

나라에 외침이 잦으면 지역감정이 없어지며, 집에 강도가 들면 각방을 쓰던 부부도 합심해서 대항한다. 헐뜯을 대상을 공유할 때 사람들은 친해진다. 못마땅한 상사를 두고 험담했을 때 상대가 맞장구를 치지 않으면 그 사람에게 서운한 감정이 생기고 결국 멀어진다. 그러나 상대가 함께 비난하고 거들면 두 사람은 친해질 수 있다.

반대로 사람들은 친해지기 위해서 누군가를 표적으로 삼을 수도 있다.

"적의 적이 동지가 될 수 있다."

이 말을 뒤집으면 '동지가 되기 위해서는 함께 공격할 적을 만들어야 한다'는 풀이도 가능하다. 마주 볼 때는 아첨하고 비위

맞추는 사람도 돌아서면 언제 그랬느냐는 듯이 바로 그 사람의 뒷담화를 한다. 서로 적대감이 있는 사람들도 만나면 누군가 제삼자를 표적 삼아 비난한다. 잠재된 공격 욕구를 풀지 않으면 그것이 서로를 향해 피차 손해를 보기 때문이다.

○ 정보를 수집하고 공유한다.

사람들은 누군가를 헐뜯으면서 스트레스를 풀고, 친밀감을 쌓는다. 하지만 뒷담화를 통해 얻을 수 있는 가장 중요한 것은 바로 정보 공유다.

관찰이나 직접적인 상호 작용을 통해서 알 수 있는 정보는 매우 한정적이다. 어떤 사람을 제대로 이해하고 그와 가까이할지 멀리할지 결정하려면 우리는 더 많은 정보를 알아내야 한다. 그 정보들은 대부분 뒷담화를 통해 수집되고 공유된다.

그러므로 어떤 사람이 없는 상황에서 그 사람의 뒷담화를 하는 것이 반드시 나쁜 것만은 아니다. 뒷담화를 하면서 정보를 습득하고 공유하며 새로운 관계를 형성하는 것은 동물과 인간을 구분 짓는 가장 기본적인 특징 중 하나다. 실제로 뒷담화의 기능을 통해 인간은 어떤 동물보다 훨씬 더 크고 복잡한 집단을 형성할 수 있었으며, 훨씬 더 막강한 세력을 구축할 수 있었다.

앞에서 이야기했듯이 사람들이 누군가의 뒷담화를 하는 것은 여러 가지 순기능을 가지고 있기 때문에 반드시 나쁜 것만은 아니다. 하지만 모이기만 하면 습관적으로 그 자리에 없는 사람의 뒷담화를 한다면 그것으로 잃을 수 있는 것이 무엇인지 심각하게 생각해 봐야 한다.

뒷담화로 잃을 수 있는 세 가지

○ 허무한 마음과 부정적인 감정에 빠진다.

사람들은 누군가에게 불만이 있을 때 직접 표현하지 못하기 때문에 그 사람이 없는 자리에서 그를 헐뜯거나 험담을 한다. 그럼 기분이 후련해지기 때문이다. 하지만 그런 긍정적인 경험은 대개 일시적이다. 뒷담화를 실컷 하고 돌아서면 오히려 허무하고 왠지 찜찜하기 마련이다.

실제로 상담하다 보면 누군가의 뒷담화를 하고 난 다음에는 기분이 좋아지기보다 더 나빠졌다고 하는 내담자들이 많다. 왜냐하면 누군가에 대해 부정적인 이야기를 하려면 가장 먼저 스스로 부정적인 생각과 감정을 느껴야 하고, 그 부정적인 기운이 우리의 세포 구석구석으로 퍼져 나가기 때문이다.

○ 믿을 수 없는 사람이 된다.

적의 적은 친구라는 말이 있듯이 사람들은 그 자리에 없는 누군가를 표적으로 삼아 뒷담화를 하면서 친밀감을 느끼고 동맹 관계를 형성할 수 있다. 하지만 습관적으로 누군가를 비난하면서 헐뜯는 사람을 만나면 너 나 할 것 없이 이런 생각을 한다.

'저 사람은 내가 없는 자리에서는 틀림없이 내 얘기를 저렇게 하겠구나.'

그래서 잠깐은 친밀감을 느낄 수 있지만, 신뢰하지 않고 멀리 한다. 결론적으로 친구를 만들기 위해서 다른 사람을 뒷담화의 제물로 삼으면 절대로 소기의 목적을 달성할 수 없고, 오히려 외톨이가 된다.

○ 배신자가 되고 돌이킬 수 없는 후회를 한다.

남의 이야기를 좋아하는 사람은 반드시 다른 자리에서도 남의 이야기를 한다. 그리고 뒷담화를 계속하다 보면 결국 그 내용이 당사자에게 어떤 식으로든 전달된다.

내 앞에서는 누구보다 친절하고, 그런 내색을 조금도 하지 않던 사람이 내가 없는 자리에서 내 뒷담화를 했다면 어떤 생각이 들겠는가? 당연히 배신감을 느껴 관계를 끝내려 할 것이고, 어떤 식으로든 보복하려 할 것이다. 그래서 뒷담화를 즐기는 사람은 인간관계나 비즈니스 관계에 치명적인 문제가 생기고, 돌이킬 수 없는 후회를 할 수밖에 없다.

내가 없을 때 믿었던 사람이 나의 뒷담화를 한다면 최악의 평가를 받기 마련이다. 그러므로 뒷담화의 유혹에 빠지기 전에 자기 자신에게 '스톱!'을 외치면서 뒷담화로 얻을 수 있는 것과 잃을 수 있는 것이 무엇인지 생각해야 한다. 만약 어쩔 수 없이 뒷담화에 낄 때는 내가 한 말이 반드시 당사자에게 전달된다고 생각하면서 적극적으로 참여하지 마라. 대신에 당사자조차 생각하지 못한 칭찬 거리를 찾아라.

뒷담화, 기쁨은 잠시고 후회는 아주 길다. 혹시 내가 없는 자리에서 나의 뒷담화를 했다는 소식을 듣더라도 예민하게 반응하지 말고 '그러거나 말거나' 하면서 초연히 넘어가자.

KEY POINT

사람들은 누군가의 뒷담화를 하면서 스트레스를 푼다. 험담을 하면서 누군가와 친밀감을 느낄 수도 있다. 남의 이야기를 하면서 그에 대해 미처 몰랐던 정보를 수집하고, 그 사람에 대해 더 많이 알 수도 있다. 하지만 습관적으로 뒷담화를 하면 마음이 부정적인 기운으로 가득 차고, 신뢰감을 잃어 외톨이가 될 수도 있다. 또한 치명적인 문제를 만들어 돌이킬 수 없는 후회를 하게 될 수도 있다. 검지 하나로 손가락질을 하면 나머지 3개의 손가락이 나를 향한다는 사실을 명심하자.

15

가까워지고 싶다면 한 발짝 물러서라

| 개인적 공간 |

모든 사람에겐 개인적 공간이 필요하다.

- 엘린 색스

친하게 지내는 사람과는 가까이 앉고 싶고, 못마땅한 사람과는 가능한 한 멀리 떨어지고 싶은 게 사람의 심리다. 기분이 좋으면 가까이 다가가지만, 이야기가 지겹고 기분이 울적할 때는 떨어져 있고 싶다.

식당이나 강의실에서 먼저 자리를 잡고 앉아 있으면 뒤에 들어오는 사람들 중에 나와 가까이 앉는 사람도 있고, 멀찌감치 떨어져 앉는 사람도 있다. 회식 자리에서나 모임에서도 마찬가지다. 가까이 앉는 사람은 그만큼 나를 호의적으로 생각하거나 적어도 부정적인 존재로 보지 않는 사람이다.

지하철 시발역에서 자리가 넉넉한 경우, 두 번째 들어오는 사람은 첫 번째 사람과 아주 멀찌감치 떨어져 앉는다. 그리고 세 번째 사람은 그 중간에 자리를 잡는다. 비슷한 광경은 영화관, 공중화장실, 지정 좌석이 없는 버스 안에서도 관찰된다. 누가 시키지 않아도 여유가 있는 공중화장실에서는 적어도 한두 칸씩 서로 떨어져 볼일을 본다. 어쩌다가 다른 사람이 빈 곳도 많은데 바로 옆 변기를 사용하면 꺼림칙한 기분이 든다.

거리의 차이가 관계의 차이다

사람들은 어디를 가나 자기만의 안식처를 원하며, 낯선 자가 자신의 공간에 침입하면 긴장한다. 그래서 오락실 같은 데서 뒤에 다른 사람이 기다리며 쳐다보고 있으면 왠지 불안하고 초조해져서 빨리 끝내려 하거나 포기하고 일어서는 경우가 많다.

엘리베이터같이 좁은 공간에서는 자기만의 공간을 확보하기가 힘들다. 두 명만 있을 때는 서로 반대편의 벽에 어깨를 기대어 가능한 넓은 공간을 확보하지만, 사람들이 비집고 들어오면 사정은 달라진다.

자기만의 공간을 충분하게 확보할 수 없을 때 사람들이 사용하는 독특한 테크닉이 있다. 침입자를 사람으로 취급하지 않는 것이다. 사람이 없는 것처럼 벽을 보거나 층수를 알려 주는 숫자판을 들여다봄으로써 가능한 한 시선을 마주치지 않으려고 노력한다. 어쩔 수 없이 마주쳐야 하는 경우에는 사물을 대하듯이 무표정한 얼굴을 한다.

자기가 자유롭게 사용할 수 있으며 침범당하고 싶지 않은 만큼의 공간을 '개인적 공간(Personal Space)'이라고 한다. 이처럼 사람들이 서로 거리를 일정 수준으로 유지하려는 성향이 진화된 이유 중 하나는 타인으로부터 언제 받을지 모르는 공격에 대비하기 위함이다. 한 연구에서 공격적인 사람일수록 개인적인 공간을 넓게 확보하려는 경향이 있음이 밝혀졌다. 공격 성향이 강한 사람은 타인에 대한 신뢰감이 부족할 뿐 아니라 다른 사람의 개인적 공간을 침해하려는 욕구 또한 강하기 때문이다.

일상생활에서 의사소통을 할 때 대인 간의 거리는 크게 두 가지의 기능을 한다.

첫째, 거리 자체로 의사소통 방식을 결정하는 것이다.

친밀 관계의 거리에서는 상대방의 얼굴 표정이나 눈동자를 생생하게 관찰할 수 있다. 그러나 상대방의 손이나 발 또는 자세를 관찰하기는 어렵다. 사교적인 거리에서는 제스처 등은 쉽게 관찰할 수 있지만, 시선을 정확하게 맞추기는 어려울 수 있다. 이와 같이 대인 간의 거리 자체는 의사소통에 사용되는 단서들의 비중을 달리하게 만든다.

둘째, 거리 자체가 의사소통의 메시지로 사용된다는 것이다.

우리는 좋아하지 않는 사람보다 친하게 지내고 싶은 사람에게 더 가까이 다가간다. 만약 어떤 사람이 당신에게 접근해 올 때마다 당신이 그만큼 뒤로 물러선다면 상대방은 자기를 좋아하지 않는다고 판단하고 더는 접근하지 않거나 멀어질 것이다.

사람들은 낯선 사람이나 원치 않는 사람이 가까이 접근하더라도 곧바로 싫다는 메시지를 전달하지는 않는다. 그러나 우리 몸에서는 심장 박동 수나 호흡수가 증가하고 근육이 긴장되는 등 스트레스 상황에서 나타나는 생리적인 변화가 일어난다. 시간이 지나도 변화가 없으면 점차 초조감을 느끼거나 안절부절못하는 행동을 보이기도 한다. 그러다 더는 견디기 힘들 때가 돼서야 먼저 자리를 뜬다. 낯선 사람이 개인적 공간을 침범하면 그만큼 스트레스를 받기 때문이다.

아무리 친해도 적당히 거리를 두자

솜머라는 심리학자는 도서관에서 혼자 앉아 공부하고 있는 여학생에게 모르는 사람이 접근하면 어떤 반응을 보이는지를 관찰했다. 주변에 사람이 없는 상황에서 낯선 실험자가 여학생의 바로 옆자리에 앉았을 때 70%의 여학생이 30분 이내에 자리를 옮겼다. 그러나 비슷한 상황이라도 낯선 사람이 옆자리에 앉지 않으면 10%만이 자리를 떴다.

개인적인 공간이 침범당하면 당연히 상대방과 시선을 마주칠 기회가 많아진다. 따라서 시선은 친밀감이나 적대감을 표현하는 비언어적 메시지로서 중요한 기능을 한다.

심리학자 아질과 딘은 낯선 사람이 접근해 올 때 사람들이 보이는 행동을 관찰했다. 원치 않는 사람에게 자기만의 공간이 침범당했을 때 사람들은 다른 데로 시선을 돌리거나 몸을 트는 행동을 가장 흔하게 보였다. 이런 행동은 그 자체가 친밀감을 거절한다는 의사소통 메시지를 담고 있다.

사람들은 자신의 개인적 공간을 침범하는 사람을 만나면 불편해지기 때문에 어떻게 해서든지 적절한 거리를 유지하려고 노력한다. 좌석 버스에서 창 쪽 좌석을 비워 놓고 일부러 복도 쪽에 앉는다거나 옆 좌석에 짐을 두는 행위, 도서관에서 공부할 때 자기 책을 옆 책상에 놓아두거나 신문으로 가리는 행위 등이 그것이다.

하지만 그런 방어 노력에도 낯선 사람이 옆에 앉으면 어떤 반응을 보일까? 신경이 쓰이고 긴장되기 때문에 자세를 고쳐 앉거나 시선을 마주치지 않으려 한다. 그것도 부족하면 양손으로 얼굴을 가려 시선을 차단하는 등의 비언어적인 신호를 사용해 거부감을 전달한다. 이것이 효과가 없으면 눈을 내리깔고 책상을 바라보거나 찡그리는 것으로 달갑지 않음을 표현할 것이다. 그래도 여전히 상대가 옆자리를 차지하고 있으면 빈자리를 찾아 자리를 옮김으로써 개인적 공간을 확보해 불편감에서 벗어난다. 이처럼 취하는 행동이 어떻건 사람들은 개인적인 공간이 침범당하는 것에 매우 예민하며 그에 대한 반응은 매우 다양하다.

사람들은 친밀감의 정도를 개인적 거리로 가늠하기 때문에 가까워지고 싶은 사람이 너무 떨어져 있으면 서운하다. 하지만 아무리 가까운 사이라도 지나치게 다가오거나 개인적 공간을 침범하면 싫어진다.

이런 물리적인 접근뿐 아니라 노크를 하지 않고 자녀들의 방문을 열고 들어간다거나, 몰랐으면 하는 일에 대해 알려고 하고, 친구의 노트북이나 휴대폰을 들여다보는 것 모두 개인적 공간의 침범이다. 어떤 사람과든 좋은 관계를 유지하고 싶다면 너무 멀지도 가깝지도 않게 적당한 거리를 유지해야 한다. 그들이 소중하게 여기는 개인적 공간을 함부로 침범하면 안 된다.

KEY POINT

모든 사람은 다른 사람과 어느 정도 거리를 유지하고 싶어 하고, 자기만의 개인적 공간을 갖고 싶어 한다. 그러므로 아무리 친한 사이라도 상대방이 불편하게 생각하는 거리 이상으로 다가가거나 그들만의 개인적 공간을 침범하면 안 된다. 좋은 관계를 유지하고 싶다면 상대방의 개인적 공간을 침범하지 말고, 상대방과 적당한 거리를 유지함으로써 상대가 경계심을 갖지 않고 편안하게 느낄 수 있게 해 줘야 한다.

16

눈이 입보다 더 많은 말을 한다

| 눈 맞춤 |

사람의 눈은 혀만큼이나 많은 말을 한다.
게다가 눈으로 하는 말은 사전 없이도 전 세계 누구나 이해할 수 있다.

- 랄프 왈도 에머슨

눈은 마음의 창이라고 한다. 사람을 만날 때 가장 먼저 마주치는 것이 눈이고 사람의 생각과 감정, 의도를 가장 진솔하게 드러내는 것이 눈이기 때문이다. 미국의 목사이자 철학자인 랄프 왈도 에머슨은 "사람의 눈은 혀만큼이나 많은 말을 한다"라고 했지만 나는 눈이 혀보다 훨씬 더 많이, 훨씬 더 진솔하게 전달한다고 믿는다.

눈은 영혼의 창이라고도 한다. 그래서 가끔 하던 일을 멈추고 거울 속 자신의 눈을 들여다보면서 질문해야 한다.

'내 눈은 사람들에게 어떤 영혼의 메시지를 전달하는가?'

흐리멍덩한 눈, 영롱한 눈, 슬픈 눈, 기쁜 눈, 화가 난 눈, 용서하는 눈, 차가운 눈, 따뜻한 눈, 무서운 눈, 친절한 눈, 무시하는 눈, 존중하는 눈, 만사가 귀찮은 눈, 호기심이 가득한 눈, 불안한 눈, 편안한 눈….

눈은 말보다 훨씬 더 강하게 우리의 감정을 표현한다. 어떤 눈은 보고만 있어도 마음이 따뜻해지고, 어떤 눈은 스치기만 해도 간담이 싸늘해진다. 사람들은 우리가 한 말의 내용은 기억하지 못해도 우리가 눈을 통해 표현한 감정은 오래 기억할 것이다.

상대가 나에게 호감이 있는지 알 수 있는 가장 정확한 방법

관계와 소통에서 '눈 맞춤(Eye Contact)'처럼 중요한 것은 없다. 그 이유는 무엇일까? 눈을 마주친다는 것은 모든 관계의 시작이고, 소통의 기본이기 때문이다. 대부분 끌리는 사람을 만나면 확실히 시선부터 달라진다. 상대방에 대한 관심의 정도에 따라 눈 맞춤의 빈도와 시간이 달라지기 때문이다. 일반적으로 사람들은 매력적이라고 생각하는 사람을 대할 때 눈을 자주 맞출

뿐 아니라 전체적인 응시 시간이 길어진다. 그래서 서로 좋아하는 사이라면 말하지 않아도 남들이 먼저 아는 것이다.

반대로 시선을 마주치지 않는 것 역시 많은 의미를 전달한다. 어떤 사람이 싫거나 재미가 없을 때, 불쾌해서 더는 이야기를 계속하고 싶지 않을 때 상대방에 대한 응시 시간이 급속하게 감소한다. 수업 중에 대답하기 어려운 질문을 받고 싶지 않을 때나 많은 사람 앞에서 노래를 불러야 할 때도 교사나 사회자의 눈을 피한다.

우리는 불쾌하거나 당황스러운 상황에서 또는 개인적인 공간이 침범당했다고 생각할 때도 눈 맞춤을 현저하게 줄인다. 게다가 상대방을 경멸하거나 상대할 가치가 없다고 생각할 때는 아예 눈길을 거둔다. 강의가 지루해질 때는 청중이 강사와 눈을 마주치는 빈도가 줄어들며, 회의를 빨리 끝내고 싶을 때도 말하는 사람의 눈을 피한다.

가끔 말로 표현하지 않았음에도 상대에게 무시당했다는 느낌이 들 때가 있다. 가까이 있지만 내게 눈길조차 주지 않을 때, 즉 보지 않을 때다. 그래서 우리말의 무시(無視)라는 단어는 보지 않는다는 의미를 내포하고 있다. 귀찮은 사람, 상대하고 싶지 않은 사람, 보고 싶은 사람과는 눈을 맞추지 않기 때문이다.

어떤 사람이든 관계가 멀어지면 자연스럽게 눈 맞춤이 줄어든다. 실제로 부부, 부모 자식, 가족 관계에서 사이가 틀어지거나 갈등이 생겼을 때 가장 먼저 나타나는 현상이 서로 눈길을 피하는 것이다. 부부 싸움을 했거나 오랫동안 대화가 단절된 가족을 만나 보면 서로 눈을 마주치지 않는다. 반면 사이가 좋은 부부나 가족끼리는 누가 먼저랄 것 없이 눈을 자주 맞춘다.

학교에서도 학생들과 눈 맞춤을 오래 하는 교사들이 더 긍정적인 평가를 받는다. 응시 시간의 길이가 자신감과 관심, 애정의 깊이를 반영한다고 생각하기 때문이다. 실제로 학생들의 눈을 오랫동안 응시하는 교사는 그렇지 못한 교사보다 더 실력 있고 자신감이 있을 뿐 아니라 더 호감이 가는 교사로 평가받는다. 학교뿐 아니라 어떤 상황에서든 상대방을 응시하는 시간이 긴 사람들은 일반적으로 사교성이 좋고, 신뢰도가 더 높다고 평가받는다.

눈은 영혼을 전달하는 마음의 창이다

일반적으로 연인끼리는 서로 눈을 자주 맞추고, 응시 시간도 길다. 그렇다면 사랑하는 가족과는 어떤가? 아침에 집을 나설 때, 저녁에 집으로 돌아와 다시 만날 때 어떤 눈빛으로 얼마나 오랫동안 눈을 맞추면서 대화를 하는가? 거창할 필요 없다. 단 1분이라도 좋다. 아니 그보다 더 짧아도 좋다. 따뜻한 눈 맞춤과 다정한 말 한마디면 된다. 그 1분으로 얼마든지 좋은 관계를 유지할 수 있고, 그날 하루를 기분 좋게 보낼 수 있다. 그런데 상담하다 보면 그게 안 되는 가정이 수두룩하다는 사실을 알게 된다.

1989년, 심리학자 캘러먼과 루이스는 생면부지의 남녀 48명을 모집해 눈 맞춤이 호감도와 신체 생리적 변화에 어떤 영향을 미치는지 연구했다. 그들의 연구에 의하면 처음 보는 이성일지라도 서로 눈을 맞춘 상태로 2분만 지나면 로맨틱한 감정이 증가하는 것으로 밝혀졌다. 그에 비해 아무리 매력적인 얼굴이라도 눈 맞춤을 하지 않고 다른 곳을 바라봤을 때는 상대에게 로맨틱한 감정을 느끼지 못했다.

연구자들은 눈 맞춤이 상대에게 존중받고 있다는 느낌을 주고, 호감도를 높여 줄 뿐 아니라 대화의 85% 이상 눈 맞춤을 하면 상대방 혈관에서 사랑의 호르몬인 페닐에틸아민이 솟구친다는 사실을 발견했다. 페닐에틸아민은 사랑하는 감정을 느끼거나 이성과 스킨십을 할 때 분비되는 호르몬이다.

이렇듯 따뜻한 눈 맞춤은 관계를 발전시킬 뿐 아니라 행복 지수도 높인다. 심지어는 사람이 아니라 반려견과 함께할 때도 그렇다. 일본 아자부대학의 연구진은 주인이 30분 동안 반려견과 함께 말하기, 쓰다듬기, 서로 마주 보기 등의 행동을 하게 한 뒤

소변 검사를 통해 호르몬 변화를 측정하는 실험을 했다. 그 결과, 서로 마주 보는 행동을 했을 때 사람과 반려견의 뇌에서 모두 옥시토신 수치가 급증한 것으로 나타났다. 잘 알다시피 옥시토신은 사랑의 묘약으로 알려진 자연 분비 호르몬으로서 부부애와 모성 본능을 촉진하며, 행복감의 지표로도 사용된다. 이처럼 따뜻한 눈 맞춤은 상대방뿐 아니라 우리 자신도 행복하게 만들어 준다.

누군가를 처음 만나 그 사람과 좋은 관계로 지내고 싶다면 가장 먼저 상대방의 눈을 따뜻하게 가만히 바라보라. 눈은 영혼을 전달하는 마음의 창이기 때문에 눈 맞춤을 늘리면 관계가 좋아진다.

다 큰 자녀를 친절한 표정과 함께 다정한 눈빛으로 바라본 것이 언제인가? 존경하는 눈빛을 담아 부모님과 가만히 눈을 맞춘 적이 얼마나 되는가? 가족과 아침에 헤어질 때, 저녁에 다시 만날 때 내 눈은 어디를 향하고 있으며, 어떤 메시지를 전달하고 있는가?

상담하다 보면 가족과도 눈 맞춤이 어렵다는 사람들이 많다. 그렇다면 어떻게 해야 자연스럽게 눈 맞춤을 하면서 좋은 관계를 형성할 수 있을까?

가장 먼저 해야 할 일은 따뜻하고 친절한 마음을 가득 담아 거울 속의 자신의 눈을 바라보는 것이다. 만족할 때까지 몇 번이고 반복하면서 본인이 원하는 따뜻한 눈빛을 지어 보라. 여기서 주의할 점은 딴 생각을 하지 말고, 사랑스러운 마음만으로 자신을 바라봐야 한다는 것이다.

그다음으로는 가족이나 친구같이 가까운 사람부터 상대방의 눈을 잠깐잠깐 맞추면서 조금씩 응시하는 시간을 늘려 보라. 처음에는 불편하고 어색할 수 있지만, 연습하다 보면 점점 자연스러워진다. 눈동자를 정면으로 응시하기 어려우면 눈썹이나 눈꺼풀을 관찰하는 연습을 하면 훨씬 더 쉽다.

그리고 응시하는 것이 자연스러워지면 대화 내용과 일치하는 표정과 함께 눈 맞춤을 시도하라. 하지만 눈 맞춤을 오래 하는 것이 좋다고 생각해서 너무 빤히 눈만 쳐다보면 상대방이 불편해 할 수 있다. 그러므로 왼쪽 눈을 바라보다가 미간, 오른쪽 눈, 콧등 등 잠시 눈 주변으로 시선을 돌리는 것이 좋다. 상대방의 이야기를 듣고 뭔가 생각할 필요가 있을 때는 고개를 끄덕이면서 벽 쪽이나 바닥으로 잠시 시선을 돌리면 상대방에게 경청하고 있다는 메시지를 전달할 수 있다.

가족과 대화할 때는 TV나 휴대폰을 들여다보면서 건성으로 대꾸하지 말고, 잠깐이라도 좋으니 상대방의 눈을 바라보라. 그리고 그의 눈빛이 내게 전하고 싶은 메시지가 무엇인지 읽어 보라. 아침에 가족과 헤어질 때, 저녁에 다시 만날 때도 잠시 따뜻하고 부드러운 표정으로 상대방과 눈을 맞춰라.

 **KEY POINT**

눈은 말보다 훨씬 더 많은 메시지를 전달한다. 따라서 자신이 사람들에게 눈으로 어떤 메시지를 전달하는지 알아야 한다. 관계와 소통은 눈 맞춤으로 시작되고, 사랑과 관심이 커지면 눈 맞춤의 빈도와 응시 시간도 늘어난다. 하지만 반대로 사랑이 식고 관심이 줄어들면 눈 맞춤의 빈도가 줄어들고 응시 시간도 줄어든다. 가족을 포함해 타인과 좋은 관계를 유지하면서 행복하게 지내고 싶다면 따뜻한 눈빛으로 눈 맞춤을 더 많이 시도하라.

17

차이점에 끌리고 공통점으로 유지된다

| 욕구 상보성 가설 |

상반된 속성은 서로를 끌어당기고,

비슷한 속성은 하나가 되게 해 준다.

- 톰 로빈스

가난한 집 딸과 부잣집 아들이 우연히 만난다. 남자는 여자에게 한눈에 반하고, 가난하지만 자기 집안에서는 느낄 수 없었던 인간적인 분위기로 인해 더욱더 빠져든다. 두 사람은 처지가 달라도 너무 다르다며 반대하는 양가 부모와 이들을 시기하는 훼방꾼들의 온갖 방해에도 이를 극복하고 결국 사랑을 이룬다.

시대, 장소, 상황, 주인공의 이름만 다를 뿐 내용은 식상할 정도로 너무나 뻔한 소위 '신데렐라 스토리'다.

반대 성향이라서 더 끌리는 심리적인 이유

허구한 날 똑같은 스토리가 반복되는데 영화나 드라마에서는 대개 공전의 히트를 친다. 이렇게 뻔한 스토리의 인기가 식지 않는 이유는 뭘까? 이뤄지기 힘든 지고지순한 사랑을 동경하기 때문일까? 현실에 불만이 가득한 사람들에게 대리 만족을 제공하기 때문일까?

그럴 수도 있다. 하지만 그보다 자기와 정반대의 속성을 가진 사람을 통해 자신의 부족한 점을 보완하고, 결핍된 욕구를 충족하고자 하는 사람들의 원초적인 본능을 자극하기 때문이다.

'초록은 동색', '유유상종'이란 말이 있듯이 일반적으로 사람들은 자기와 비슷한 속성을 가진 사람을 좋아하고, 같은 처지의 사람들과 어울린다. 하지만 그렇다고 경쟁적 성향인 사람이 자기와 똑같이 경쟁적인 사람을 좋아하는 것은 아니다. 지배적인 성격의 남자가 지배적인 성격의 여자를 좋아하는 것도 아니다.

성격이나 태도, 신념이 유사하더라도 그것이 자신의 욕구 충족을 방해한다면 유사성 자체가 사이를 더 멀어지게 만든다. 그래서 지배적이고 권위적인 사람은 자기와는 정반대의 성향, 즉

복종적이고 순종적인 사람을 좋아한다. 말이 많은 사람일수록 자기의 이야기를 잘 들어 주는 조용한 사람을 좋아하고, 강압적인 사람은 자기의 욕구를 잘 받아 주는 복종적인 사람을 찾는다. 또 매사에 결정을 잘 못하는 우유부단한 사람은 결단력이 있는 단호한 사람에게 끌리고, 의존 욕구가 강한 사람은 자신을 잘 돌봐 줄 수 있는 주도적인 배우자를 찾는다.

그뿐만 아니라 이성적인 사람은 감성적인 사람에게, 내향적인 사람은 외향적인 사람에게, 무뚝뚝한 사람은 다정한 사람에게, 소심한 사람은 대범한 사람에게 끌린다. 이렇게 자석의 N극과 S극이 서로를 잡아당기듯, 사람들이 자신의 욕구를 충족시켜 줄 수 있는 정반대 성향의 사람들에게 끌리는 것을 심리학에서는 '욕구 상보성 가설(Need-Complementarity Hypotheses)'이라고 한다.

다시 말하면 이 가설은 사람들이 자신에게 없는 속성을 보완해 주거나 자신의 욕구를 충족시켜 주는 사람에게 끌린다는 것을 의미한다. 그러므로 누군가와 친해지고 좋은 관계를 유지하고 싶다면 상대방의 부족한 부분을 채워 주고, 욕구를 충족시켜 줄 수 있어야 한다.

그러기 위해서는 인간의 기본적인 욕구가 무엇인지부터 알아야 한다. 매슬로우에 따르면 인간에게는 기본적으로 다섯 가지의 욕구가 있다. 생존과 관련된 생물학적 욕구, 안전하고 편안하게 살고 싶은 안전 욕구, 관계를 유지하고 사랑받고 싶은 사회적 욕구, 인정받고, 존중받고 싶은 자기 존중감 욕구 및 잠재력을 최대한 발휘하는 자아실현의 욕구가 그것이다.

건강한 관계는 서로를 이해하는 데서 시작한다

자신의 부족한 점을 보완해 주고, 자신의 욕구를 충족시켜 줄 수 있는 점에만 치우친 만남에는 자칫 몇 가지 문제점이 생길 수 있다.

첫째, 단지 자신의 채워지지 않은 특정한 욕구를 충족시켜 준다는 이유만으로 상대방에게 끌렸던 사람은 오히려 상대가 정반대의 속성이기 때문에 다른 여러 가지 면에서 맞지 않을 수 있다.

둘째, 만남의 가장 큰 이유가 결핍된 욕구 충족에 있는 사람은 자신의 욕구가 어느 정도 충족되면 상대에 대한 관심이 급격하게 저하되기 때문에 시간이 지나면서 관계의 친밀도가 점점 낮아질 수 있다.

셋째, 관계가 지나치게 일방적이거나 심하게 불균형적인 경우 과도한 의존성이 생기거나 불행한 관계가 될 수 있다. 극단적인 경우에는 가스라이팅이나 그루밍 같은 불건강하고 위험한 관계로 발전할 가능성이 있다.

그러므로 서로 부족한 점을 보완하면서 건강하고 행복한 관계로 발전하기 위해서는 몇 가지를 유념해야 한다.

첫째, 자신의 강점과 약점이 무엇인지 파악하고, 상대를 통해 충족시키고자 하는 욕구가 무엇인지를 명확하게 인식할 필요가 있다.

둘째, 상대방의 강점과 약점이 무엇인지 파악하고, 상대가 나를 통해 충족시키고자 하는 욕구가 무엇인지를 명확하게 인식해야 한다.

셋째, 자신과 상대에 대한 깊이 있는 이해를 근거로 관심과 취미, 추구하는 삶의 가치와 목표를 공유해야 좋은 관계를 오랫동안 유지할 수 있다.

KEY POINT

상호 보완적인 속성은 친밀한 관계를 형성하는 데 매우 중요한 요소 중 하나다. 정반대의 속성을 가진 사람들이 서로의 부족한 점을 보완해 주면서 좋은 관계를 오랫동안 유지하려면 자신뿐 아니라 파트너의 속성을 명확하게 인식해야 한다. 첫 만남의 끌림은 차이점에 의해 좌우되지만, 관계의 유지는 유사성에 의해 결정되므로 취향이나 가치관 등 공통 관심사의 스펙트럼을 넓혀 나가야 한다.

18

에펠탑이 사랑받는 데는 비밀이 있다

| **단순 노출의 효과** |

익숙함은 특정 수준의 애정을 낳고,

애정은 특정 수준의 신뢰를 낳는다.

- 스티븐 코비

1889년, 파리 만국 박람회를 기념하기 위해 파리 한가운데에 높이가 무려 320.7m에 달하는 철제 탑을 세운다는 계획이 발표됐다. 이 계획이 발표되자 파리 시민들은 연일 벌 떼처럼 몰려들어 에펠탑 건립 반대 시위를 벌였다.

프랑스의 예술가와 문인들 역시 그 천박한 이미지에 기겁을 했다. 시인 베를렌은 '흉측한 에펠탑이 보기 싫다'며 에펠탑이 보이지 않는 뒷골목으로만 떠돌았다. '속이 빈 촛대'라고 혹평했던 소설가 모파상은 몽소 공원에 세워진 자신의 기념상이 에펠탑을 향하지 않도록 방향을 바꿨다. 이 시기에 '에펠탑 철거를 위한 300인 선언'이 발표되기도 했다.

결국 프랑스 정부는 20년 후에 철거하는 조건으로 겨우 에펠탑을 건립할 수 있었다. 교량 건축가였던 귀스타브 에펠은 기중기를 이용해 불과 25개월 만에 한 치의 오차도 없이 계단 1,652개, 높이 320.7m, 무게 7,000t, 250만 개의 나사못으로 1만 5,000여 개의 금속 조각을 연결해 탑을 완성했다.

그리고 20년이 지나 정부가 약속한 대로 에펠탑을 철거하려 하자 건립 때보다 더 큰 반대에 부딪혔다. 매일 에펠탑을 바라보던 시민들이 에펠탑에 정이 너무 깊이 들어 버린 것이다.

건립 초기에 격렬하게 반대했던 프랑스의 대문호 모파상은 생전에 에펠탑 2층에 있는 레스토랑에서 점심 식사를 즐겼다고 한다. 기자들이 이유를 묻자 그는 "여기서는 이 고철 덩어리 흉물을 보지 않아도 되니까요"라고 대답했다. 그 역시 에펠탑을 너무 좋아하게 됐지만, 건립 초기에 격렬하게 반대했던 자신의 행동이 쑥스러워서 그랬을지 모른다. 현재 프랑스 사람들은 에펠탑을 파리의 최고 명물로 여기며 전 세계 사람이 '프랑스 파리' 하면 에펠탑을 가장 먼저 떠올린다. 이제 에펠탑은 철제 흉물이 아니라 파리의 상징이요, 파리의 귀부인이 됐다. 이렇듯

단지 자주 보는 것만으로 사람들이 호감을 느끼는 현상을 심리학에서는 '단순 노출의 효과(Mere-Exposure Effect)' 또는 '에펠탑 효과(Eiffel Tower Effect)'라고도 한다.

자주 보면 정들고 정들면 좋아진다

사람들은 자주 보는 사람을 좋아한다. 정말 그럴까? 단지 자주 보는 것만으로도 호감이 형성되는지를 알아보기 위한 한 연구가 있다. 연구자는 사람들에게 낯선 사람의 사진을 보여 줬다. 절반의 사람에게는 사진을 한 번만 보여 주고 사진 속의 인물에 대한 호감 정도를 물었고, 나머지 사람에게는 사진을 보여 주는 횟수를 달리해 호감 정도를 평가했다. 연구 결과, 사진을 많이 본 사람들일수록 사진 속의 인물을 더 좋게 평가했다.

쿠데타로 정권을 잡은 사람이 느닷없이 지도자로 나서면 국민의 반감을 산다. 이것을 알기 때문에 그들은 신문이나 방송을 통해 서서히 얼굴을 드러낸다. 국민의 머릿속에 친숙감을 줄 수 있는 정도가 됐을 때 전면에 등장한다. 그쯤 되면 사람들은 은연중에 "그래. 상당히 유능한 사람이야"라는 생각을 하고, 자연스레 그에 대한 저항도 줄어든다.

가수나 배우, 개그맨 등 연예인들도 방송에서 자주 보면 왠지 호감이 가고 믿음이 가면서 그만한 실력이 있는 것처럼 느껴진다. 그래서 환자들에게 호감을 사서 매출을 올리기 위해 기를 쓰고 방송에 출연하려는 의사들도 많다.

자신의 목소리를 녹음해서 들어 보면 어쩐지 어색하고 마음에 안 든다. 그러나 친구에게 녹음된 목소리를 들려주면 평소와 다름이 없다며 의아해한다. 사실 육성은 입을 통해 나온 목소리뿐 아니라 성대에서 두개골의 뼈와 살을 통해 전달되는 소리들이 합성돼 들리는 것이다.

그러나 녹음된 목소리는 입 밖으로 나온 소리만 담긴 것이다. 내가 듣는 육성과 녹음된 소리는 질적으로 다르다는 이야기다. 그러나 친구는 나의 입을 통해 나오는 소리만 듣기 때문에 육성이나 녹음된 것이나 같다고 느낄 수밖에 없다. 자신의 육성은 날마다 듣지만, 녹음된 목소리는 어쩌다 한 번씩 듣는다는 것에 차이점이 있다. 우리는 자주 듣던 육성에 익숙해져 있어 간혹 듣는 녹음된 목소리가 마음에 안 드는 것이다.

미타라는 심리학자는 거울 속의 자기 얼굴과 남들이 보는 자기 얼굴에서 느껴지는 감정이 다른지 확인하는 연구를 한 바 있다. 사람들의 얼굴은 모두 좌우가 약간씩 다르다. 그래서 거울로 보는 자신의 모습은 친구들이 보는 모습과 다르다.

그는 여대생들의 얼굴 사진을 찍어서 정상적으로 인화한 사진과 네거티브 변조를 해서 인화한 사진을 본인들에게 보여 줬다. 각각 타인이 평소에 보는 모습과 본인이 거울로 보는 모습이다. 둘 중 어느 쪽이 더 마음에 드는지 비교한 결과, 본인은 68 대 32로 거울로 자주 봐 왔던 변조해서 인화한 모습을 더 좋아했다. 그러나 그들의 친구들은 61 대 39로 그들이 평소에 봐 왔던 정상적으로 인화한 모습을 더 마음에 든다고 했다.

"자기 얼굴 보고 거울에 침 뱉는 사람 없다"라는 말이 있듯이 별 볼 일 없이 생긴 사람도 혼자 거울을 볼 때 "이 정도면 나도 괜찮은데" 하고 만족할 수 있는 것은 순전히 단순 노출의 효과 덕분인지 모른다.

자주 보지 않아도 호감도를 유지하는 방법

아무리 친한 사이라도 멀리 떨어져 있어 자주 만나지 못하면 조금씩 멀어진다. 그리고 어느새 잊어버리고 만다. 하지만 자주 만나지는 못해도 좋은 관계를 오래 유지할 수 있는 방법이 있다. 바로 가끔씩 용건 없이 안부 연락을 주고받는 것이다.

어떤 사람이 당신과의 관계를 얼마나 소중하게 여기는지는 아쉬울 게 없을 때 당신에게 어떤 태도를 보이는지, 그가 주로 어떤 상황에서 당신을 찾는지를 보면 된다. 물론 다른 사람들

역시 같은 방식으로 당신을 평가한다. 그러니 좋은 관계를 오래 유지하고 싶다면 종종 용건이 없어도 안부를 물어라.

평소엔 연락도 안 하다가 아쉬울 때나 용건이 있을 때만 연락하는 사람을 계속해서 좋아할 사람은 아무도 없다. 좋은 관계를 유지하고 싶다면 평소에 잘해야 한다. 가끔 용건 없이 진심을 담아 안부를 묻는 사람에게 우리는 다음과 같은 인상을 갖는다.

첫째, 나를 진심으로 좋아하는 사람.

둘째, 인연을 소중하게 여기는 사람.

셋째, 일관성이 있고 믿을 만한 사람.

애정 어린 문자나 전화 한 통으로 우리는 얼마든지 베푸는 사람이 될 수 있고, 소중한 인연을 이어 나갈 수 있다. 용건이 없어도 가끔씩 안부를 묻는 것만큼 사랑과 관심을 보여 주는 확실한 증거는 없다.

KEY POINT

"자세히 보아야 예쁘다. 오래 보아야 사랑스럽다. 너도 그렇다" 나태주의 〈풀꽃〉이라는 시다. 뭐든 자주 접하고 오래 알고 지내면 정이 들기 마련이다. 어떤 사람이 마음에 들지 않는다면, 어쩌면 우리가 그 사람을 잘 모르기 때문일 수 있다. 그러므로 어떤 사람이 마음에 들지 않으면 애정과 인내심을 갖고 더 자주 바라보자. 그러다 보면 이전과 달리 그를 좋아하게 될 지도 모른다.

19

이름 옆에 꼬리표를 떼라

| 낙인 효과 |

라벨은 옷을 분류하기 위한 것이지
사람들에게 붙이기 위해 만들어진 것이 아니다.

- 마티나 나브라틸로

나는 가난하지는 않았지만 그렇다고 썩 넉넉한 형편도 아닌 가정에서 어린 시절을 보냈다. 장이 서는 날 저녁에 모처럼 생선이라도 상에 오르면 할머니를 비롯한 어른들께서 손을 댄 다음에야 아이들 차례가 돌아왔다. 어른들이 먹지 못하게야 안 하셨지만, 어떤 연유에서인지 나는 생선에 손을 잘 대지 않았다.

몇 살 때인지 아리송하지만 언젠가 손님이 왔을 때였다. 어머니가 밥상머리에서 나를 가리키며 “저 애는 비린내 나는 것을 싫어해요”라고 말씀하셨다. 그 후에도 몇 번인가 같은 말씀을 하셨고, 그 일을 계기로 나는 정말로 생선을 싫어하게 됐으며 그 이유는 비린내가 나기 때문이라고 나름대로 결론지었다.

‘생선을 싫어한다’는 어머니의 말씀이 내가 정말로 생선을 먹지 않게 만든 것이다. 그 태도와 행동은 배가 고파서 못 먹을 게 없었던 군대 훈련 시절 전까지 10여 년이나 지속됐다.

나의 이미지는 객관적, 주관적 평가에 의한 자화상이다

“혈색이 안 좋은데 어디 아프니?”라는 인사말을 몇 번 듣고 거울을 보면 건강한 사람도 자신의 몸이 심상치 않은 것 같이 느껴진다. 전에는 보지 못했던 기미나 잔주름 등이 눈에 띈다. 이런 인사말은 비록 선의를 갖고 상대방의 건강 상태를 걱정해 준 것이라고 할지라도 듣는 사람을 우울하게 만든다.

멀쩡한 사람에게도 “왜 그렇게 얼굴이 빨갛니?”라는 말을 들으면 정말로 얼굴이 빨개진다. ‘얼굴이 빨갛다’는 말을 듣는 순간 당황하게 되고, 당황하면 얼굴로 피가 몰리기 때문이다. 싸우다가 궁지에 몰려 분을 참고 있는 아이에게 “너 왜 울려고 하니?”라고 하면 금세 울음을 터뜨리는 것도 같은 이유다.

'쓸모없는 녀석', '지지리도 못난 놈' 등 아이가 못마땅할 때 이런 말들을 내뱉는 부모가 많다. 부모는 아이에게 왜 이런 말을 할까? 이렇게 다그쳐야 자존심이 상하고, 자존심이 상해야 더욱 더 분발할 것이라고 믿기 때문이다.

아이는 이런 말을 듣고 정말 분발할까? '정신병자', '게으른 녀석', '쓸모없는 녀석' 등 부정적인 낙인을 찍으면 상대방은 그 칭호에 걸맞은 행동을 하게 되는데, 이를 '낙인 효과(Stigma Effect)'라고 한다. 낙인이란 원래 목장주가 소나 말의 소유를 표시하기 위해 불도장을 찍거나 범죄자나 노예의 몸에 불에 달군 인두로 새긴 특정 표시를 말한다. 우리는 실제로 불도장이나 인두를 쓰지 않더라도 의식하지 못한 채 누군가에게 낙인을 찍으며 살아간다.

학업 문제가 심각한 아이가 비싼 것을 사 달라고 하거나 뭔가 무리한 요구를 할 때면 부모는 이렇게 말하곤 한다.

"공부도 못하는 놈이…."

과연 이 말이 아이가 긍정적으로 변화하는 데 도움이 될까? 아니다. 성적은 바닥에서 벗어날 줄 모르고, 부모와의 사이는 점점 더 나빠질 것이다. 부정적으로 낙인을 찍는 것은 미움, 분노, 좌절감을 유발하기 때문에 결코 효과적인 방법이 아니다.

'공부도 못하는 놈'이라는 부모의 불도장이 찍힐 때마다 아이의 마음속에서는 어떤 일들이 일어날까? 적어도 세 가지 과정의 변화가 일어날 것이다.

첫째, '저항 단계'로 부정적인 평가에 자존심이 상할 것이다. 자존심에 상처를 내는 부모가 싫어질 것이고 당연히 부모의 말을 듣고 싶지 않을 것이다. 그러면서 '흥 내가 공부도 못한다고? 나도 잘한 적이 있었어'라며 반발심도 솟구칠 것이다.

둘째, '인정 단계'로 은연중에 '그래, 내 짝보다 영어를 못하잖아. 어쩌면 나는 정말 공부도 못하고 쓸모없는 인간일지 몰라'라며 부정적 평가를 반복할 것이다.

부정적 평가에 저항을 해 보지만 이를 뒷받침할 증거를 찾지 못하면 점점 스스로도 부모가 낙인찍은 자기 모습을 받아들이게 된다.

셋째, '포기 단계'로 어차피 해도 안 되니 노력할 필요가 없다며 이렇게 중얼거렸을지 모른다.

'내가 공부도 못하고 쓸모없는 녀석이라고 욕하다니 얼마나 못할 수 있는지를 보여 주지.'

우리는 거울을 통해 스스로 어떻게 생긴 사람인지 알 수 있다. 마찬가지로 우리는 자신에 대한 다른 사람들의 평가를 거울처럼 여기면서 자기가 어떤 사람인지 자아 정체감을 형성해 간다. 이를 심리학에서는 '거울 자아 이론(Looking-Glass Self)'이라고 한다.

이 이론은 미국의 사회학자 찰스 쿨 리가 처음으로 제안했다. 한마디로 다른 사람이 나를 어떻게 바라보느냐에 따라서 그에 걸맞은 사람이 된다는 이론이다. 사람들은 타인이 자신을 긍정적으로 평가하면 긍정적인 자아상을 형성하고, 부정적으로 평가하면 부정적인 자아상을 형성한다. 특히 어릴 때는 부모나 교사의 평가가 자아상을 형성하는 데 결정적인 영향을 미치기 때문에 아이에게 부정적인 낙인을 찍지 않도록 주의해야 한다.

다른 사람에 대해 습관적으로 부정적인 낙인을 찍으면 낙인이 찍히는 사람은 말할 필요도 없고, 낙인을 찍는 사람에게도 여러 가지 부작용이 일어난다.

우선 다른 사람들을 한 가지 부정적인 단어로 낙인찍는 습관을 갖게 되면 사람들의 다양성을 받아들일 수 없다. 그럼 개방성과 사고의 유연성이 줄어들기 때문에 편협하고 경직된 사고의 소유자가 될 수 있다. 이는 곧 다양한 차별의 원인으로 작용해 인종 차별 성차별 등까지 이어질 수 있다.

또한 낙인 대상자를 부당하게 대우하고, 그들과 원만하게 지내지 못해 대인 관계에 어려움을 겪을 수 있다. 그뿐만 아니라 부정적인 낙인을 찍는 과정에서 스스로 부정적인 감정을 경험하기 때문에 스트레스를 더 많이 받는다.

낙인찍는 습관에서 벗어나는 세 가지 방법

낙인찍는 습관에서 벗어나려면 무엇보다 먼저 낙인 효과가 왜 위험한지 구체적으로 알아볼 필요가 있다. 예를 들어 아이가 실수했을 때를 생각해 보자. "준비물 한 가지를 빠뜨렸구나" 라고 말할 수도 있고, "이 멍청한 놈!" 하며 낙인찍어 소리칠 수도 있다. 어떤 말이 더 임팩트 있게 느껴지는가? 후자일 것이다. '행동'을 묘사하는 것보다 '사람'을 지칭하는 명사 정보가 심리적으로 훨씬 더 효과가 강하기 때문이다. 그래서 아이들이 못마땅한 행동을 보이면 명사를 사용해서 낙인을 찍기가 쉽다.

두 가지 방식의 표현에 어떤 차이가 있는지 살펴보자. "준비물 한 가지를 빠뜨렸구나" 하고 말하면 '왜 그 아이가 그걸 빠뜨렸을까?' 하고 그 아이의 행동을 이해하려고 하면서 판단을 보류할 것이다. 하지만 "이 멍청한 놈!"이라고 말하면 아이를 준비물을 챙기는 것뿐 아니라 뭐든 제대로 하는 일이 하나도 없는 구제 불능의 아이로 단정 짓는 것이다. 그래서 낙인찍기는 다른 사람들에 대한 평가 과정에 다양한 오류를 범하게 만든다.

그런데 살다 보면 반드시 누군가에게 문제를 지적하거나 비판해야 할 필요도 있고, 훈계해야 할 일도 생긴다. 그럴 때 낙인 효과의 부작용을 최소화하면서 상대방을 긍정적인 방향으로 변화시키려면 어떻게 해야 할까? 세 가지 방법이 있다.

○ 첫 단계로 자신에게 문제가 있다는 것을 인식하라.

자기가 자녀를 포함해 다른 사람들에게 낙인찍는 습관을 갖고 있다면 이를 자각하는 것이 무엇보다 중요하다. 그리고 낙인찍기가 상대방뿐 아니라 자기 자신에게 어떤 부작용을 일으킬 수 있는지 알아야 한다.

○ 훈계를 하거나 지적을 하고 싶을 때는 잠깐 멈추고 생각할 시간을 가져라.

그리고 나서 원하는 것이 무엇인지 찾아보고 그것을 표현하는 것이다. '아무짝에도 쓸모없는 놈'이라는 말이 튀어나오려고 한다면 아이가 정말 그렇게 되기를 바라는 것인지 확인해 보라. 아이가 정말 쓸모없기를 바라는 부모는 없을 것이다. 사람들에게 사랑받고, 칭찬받는 아이가 되기를 원한다면 아이에게 다음과 같이 말해 보라.

"엄마는 네가 사람들한테 사랑받고, 칭찬받는 사람이 됐으면 좋겠어. 그러려면 일찍 일어나서 지각도 하지 않고 공부도 더 열심히 해야겠지?"

○ 칭찬을 먼저 하고, 문제점을 지적한 다음 다시 칭찬으로 마무리하라.

이 방법은 샌드위치를 만들 때 빵에 패티를 넣고 빵으로 덮는 것과 같은 과정을 거치기 때문에 '샌드위치 기법(Sandwitch Technique)'이라고 한다. 예를 들어 준비물을 빠트린 것을 지적할 때 이렇게 할 수 있다.

"우리 아들은 다른 일에는 준비성이 좋은데 준비물은 가끔 잊어버리는구나. 엄마는 네가 조금만 신경 쓰면 잘할 수 있을 거라 믿어."

부정적이든 긍정적이든 사람들은 우리가 기대하는 대로 행동한다. 그러므로 문제를 지적하고 고쳐 주고 싶더라도 상대방에 대해 부정적인 명사로 낙인찍지 말고 문제가 된 행동과 태도만 지적해야 한다. '게으른 놈', '미련한 녀석', '무능한 인간' 등 그 사람 전체에 대한 낙인을 찍으면 안 된다. 어쩔 수 없이 지적하거나 꾸중을 해야 할 때는 칭찬을 먼저 한 다음에 사려 깊게 문제점을 지적하라. 그리고 다시 칭찬으로 마무리해 부작용도 줄이고, 바람직한 모습으로 성장할 수 있도록 도와줘라.

20

원하는 대로 믿고 바라는 대로 말하라

| 피그말리온 효과 |

상대가 위대한 사람인 것처럼 대우하라.
그럼 그들 자신이 위대한 사람이라는 사실을 입증할 것이다.

- 랄프 왈도 에머슨

프로이트는 자신이 위대한 사람이 되려고 노력했던 것은 다음과 같은 어머니의 믿음 덕분이라고 말했다.

"너는 장차 위대한 인물이 될 것이다."

친구들로부터 따돌림을 당하고 엉뚱한 실수를 저지르기 일쑤

였던 레오나르도 다빈치에게 그의 할머니는 항상 이렇게 말했다.

"너는 무슨 일이든 해낼 수 있어. 할머니는 너를 믿는다."

위대한 일을 해낸 사람 곁에는 언제나 그를 믿어 준 사람이 있다. 프로이트의 어머니나 다빈치의 할머니처럼 가능성을 발견하고 잘할 것이라고 기대하면 상대방은 그 기대에 맞추기 위해 노력한다. 그리고 그들은 결국 기대한 사람이 된다.

위대한 사람을 만드는 긍정적인 기대감

피그말리온은 그리스 신화에 나오는 조각가로, 자신이 상아로 조각한 여인상이 너무 아름다워 조각상을 마치 살아 있는 연인처럼 정성을 다해 보살핀다. 결국 그가 원한 대로 조각상이 진짜 사람으로 변신하는 기적이 일어나고, 피그말리온은 그 조각상과 결혼까지 한다. 이처럼 어떤 사람에 대한 깊은 믿음과 기대가 그 사람을 긍정적으로 변화시키는 것을 심리학에서는 '피그말리온 효과(Pygmalion Effect)'라고 한다.

로센탈과 제이콥슨이라는 심리학자는 초등학교 교사들을 대상으로 피그말리온 효과를 확인해 보기로 했다. 학기 초에 초등학교 1학년과 2학년 담임 교사들에게 몇 명의 학생 명단을 주면서 '이 아이들은 여러 가지 심리 검사에서 잠재력이 매우 우수한 것으로 확인됐다'고 전달했다. 하지만 사실 이 아이들은 검사 결과나 학업 성적과는 상관없이 선택된 아이들이었다.

그로부터 1년 후 학기말에 학생들의 학업 성적과 행동을 평가했다. 평가 결과, 1학년의 경우 잠재력이 뛰어날 것이라고 기대했던 아이들의 IQ가 무려 24점이나 올랐다. 게다가 다른 아이들에 비해 대인 관계를 비롯한 학교생활 전반에서의 변화가 훨씬 뚜렷했다.

기대 집단의 아이들과 비교 집단의 아이들은 능력 면에서는 차이가 없었다. 단지 교사가 기대하는 마음에서만 차이가 있었을 뿐이다. 교사는 기대 집단의 아이들에게 많은 관심을 기울였을 것이고, 잘못했을 때도 그들의 잠재력을 믿기 때문에 격려를 아끼지 않았을 것이다. 그렇기 때문에 기대 집단의 아이들은 교사의 기대에 부응하기 위해서 더 많은 노력을 기울일 수밖에 없었다.

또한 선택된 아이들이 기대에 미치지 못하는 결과를 보여 줬을 때는 교수 방법에 문제가 있을 것이라고 생각하며 교사들 스스로 개선하려는 노력을 했을 것이다. 그 결과, 1년 후에 기대 집단 아이들의 잠재력이 실제로 개발된 모습을 볼 수 있었다.

이스라엘 텔아비브대학의 에덴 교수는 군대 훈련에서 피그말리온 효과를 확인했다. 그는 이스라엘 군인 104명을 지도하는 전투 지휘관 교육 코스 교관들이 훈련생마다 다르게 기대할 수 있도록 상황을 설정했다. 그다음 훈련생들을 무작위로 선정해서 '우수, 보통, 미확인'의 등급을 부여한 명단을 교관들에게 전달했다. 물론 부여된 등급이 임의적으로 작성됐음을 알려 주지는 않았다.

교육 과정이 끝나고 교관들이 훈련생들의 성적을 평가한 결과, 놀랍게도 '우수' 등급을 받았던 훈련생들의 성적이 다른 등급을 받은 훈련생들에 비해 월등하게 높은 것으로 나타났다. 교관들이 '우수' 등급을 부여한 병사들에게 높은 기대치를 갖고, 병사들은 자기에게 부여된 기대치에 부응하기 위해 스스로 더 분발했기 때문이다.

이처럼 '잠재력이 있으며, 기대 받고 있는 사람'이라는 느낌만으로도 사람은 달라진다. 관심과 애정이 담긴 기대를 받으면서 '할 수 있다'는 자부심을 갖게 되면 더 많은 노력을 할 수밖에 없기 때문이다.

피그말리온 효과는 자녀와 부모, 상사와 부하, 동료 간의 관계 및 부부 관계에서도 폭넓게 관찰되는 현상이다. 예를 들어 "김대리는 통이 참 큰 것 같아"라는 말을 들으면 그 동료 앞에서는 쪼잔하게 굴 수가 없고, "부장님은 정말 자상하세요"라는 말을 들으면 그 직원에게 자상하지 않을 수가 없다. 또 아내로부터 "당신은 정말 마음이 넓은 것 같아"라는 말을 수시로 들으면 아내 앞에서는 나도 모르게 마음이 넓은 사람이 된다.

사람은 타인의 기대를 먹으며 성장한다

기대감을 통해 상대를 고무시키기 위해서는 우선 남들이 찾지 못하는 상대의 장점을 찾아내는 눈을 가져야 한다. 당사자조차 몰랐던 장점을 찾아내는 사람을 좋아하지 않을 이유가 없다. 좋아하고, 신뢰하는 사람이 가능성까지 제시한다면 그의 기대에 부응하기 위해 더 노력할 것이다. 하지만 싫어하고, 신뢰가 없는 사람들의 이야기는 아무리 옳은 것이라고 해도 쉽게 받아들여지지 않는 것이 사람의 마음이다.

그렇다면 피그말리온 효과를 활용해 누군가를 긍정적으로 변화시키고 성장시키기 위해서는 어떻게 하는 것이 좋을까?

첫째, 상대가 느끼는 자신의 모습보다 더 나은 가능성과 잠재력을 찾아내고, 이를 반복해서 전달한다. 단, 애정을 갖고 진심을 다해 전달해야 한다.

둘째, 다양한 지원을 통해 상대가 자신의 목표를 달성하도록 도와준다.

셋째, 상대에게 긍정적인 변화가 일어나면 그때그때 진전 상태에 대한 피드백을 제공해서 성취감을 느끼게 해 준다.

사랑스럽게 대하면 사랑스러운 사람이 된다. 잘할 수 있다고 진심으로 믿어 주면 언젠가 진짜로 잘하게 된다. 우리가 만나는 사람의 태도와 행동은 우리가 그를 어떻게 대하고, 그에게 얼마나 기대하느냐에 따라 달라진다. 잊지 말자. 우리 모두는 누군가를 마음으로 조각하는 피그말리온이다.

KEY POINT

사람들은 자기에게 중요한 누군가가 자신의 가능성을 발견하고, 잘할 것이라며 기대해 주면 그 기대에 맞추기 위해 노력한다. 그리고 결국은 상대가 기대한 사람이 된다. 누군가를 긍정적으로 변화시키고 싶다면 무엇보다 우리가 먼저 상대방에게 진심으로 긍정적인 기대를 해야 한다. 그리고 그 기대가 진지한 관심과 애정을 통해 상대방에게 전해져야 한다.

21

첫인상을 뒤집는 5:1의 법칙

| 마법의 비율 |

좋은 평판을 구축하기 위해서는 많은 선한 행동이 필요하다.
하지만 그것을 잃는 데에는 단 한 번의 나쁜 행동만으로도 충분하다.

- 벤저민 프랭클린

어떤 사람의 첫인상이 매우 좋았다. 그런데 그 사람이 가끔 사기를 친다는 얘기를 들었다. 그의 좋았던 첫인상은 여전히 좋게 유지될까? 아니다. 사기를 친다는 말 한마디로 단번에 나쁜 인상으로 바뀐다. 첫인상 때 사기꾼처럼 생겼다고 생각했던 사람보다 훨씬 더 가증스럽게 느껴진다.

반대로 어떤 사람에 대한 첫인상이 매우 나빴다. 그런데 그 사람에 대한 긍정적인 말, 예컨대 그가 주기적으로 봉사 활동을 한다는 말을 들었다. 과연 그에 대한 인상은 좋게 바뀔까? 그렇지 않다. 봉사 활동을 한다는 긍정적인 정보는 그 사람의 나쁜 인상을 바꾸는 데 별로 도움이 되지 않는다. 오히려 위선적인 사람이라는 생각이 들 수도 있다.

좋았던 첫인상은 부정적인 정보를 접하면 쉽게 나쁜 쪽으로 바뀔 수 있다. 그러나 한 번 나쁘게 박힌 첫인상은 웬만한 긍정적인 정보로는 좋은 쪽으로 바뀌지 않는다. 다시 말하면 인상 형성 과정에서 부정적인 정보가 긍정적인 정보보다 훨씬 더 중요한 역할을 한다는 것이다.

이처럼 부정적인 정보가 긍정적인 정보보다 인상 형성에 더 강력하게 작용하는 것을 '부정성 효과(Negativity Effect)'라고 한다. 그렇다면 왜 부정적인 정보가 인상 형성에 더 중요한 역할을 할까? 여기에는 두 가지 이유가 있다.

첫째, 인간은 원래 긍정적인 정보보다 부정적인 정보에 민감한 존재로 진화했다. 자신에게 해가 되는 단서들을 민감하게 포착해야 생존 가능성이 높아지기 때문이다.

둘째, 사람들은 대개 단점을 감추고 장점만 드러내려는 경향이 있기 때문에 부정적인 정보가 드러나면 그만큼 더 주목을 받는다. 그래서 열 번 잘하다가도 한 번 잘못하면 순식간에 나쁜 쪽으로 인상이 바뀐다. 그러므로 좋은 인상을 유지하려면 나쁜 행동에 유의해야 한다.

구겨진 인상을 만회하고 싶다면 거리를 둬라

한번 구겨진 인상을 회복할 수 없는 것만큼 절망스러운 일도 없다. 하지만 다행히도 나중에 들어오는 정보가 더 잘 기억되고, 전반적인 인상 형성에 더 중요하게 작용하는 경우도 있다. 권태기 부부의 경우, 남편이 출장을 가서 며칠 못 보다가 다시 만나면 전보다 훨씬 다정해진다.

초기 정보가 제시된 후 오랜 시간이 지나서 처음의 정보와 다른 내용의 정보들이 제시되면 앞서 다뤘던 초두 효과가 감소한다. 즉 너무 일찍 제시된 초기 정보가 망각되면 나중에 들어오는 정보의 중요성이 그만큼 커진다는 얘기다.

기분 나쁜 일을 경험하고도 잠을 자고 나면 기분이 한결 가벼워진다. 특히 아이들의 경우, 부모에게 혼나고 나서 울다가도 한숨 자고 일어나면 언제 그랬냐는 듯이 즐겁게 뛰논다. 이렇듯 초기에 제시된 정보도 시간이 지나고 난 다음에는 점차 망각되는 현상을 '수면자 효과(Sleeper Effect)'라고 한다.

이런 원리는 처음에 좋지 않은 인상을 준 사람과의 관계를 개선하고자 할 때 적용할 수 있다. 당분간 만나지 않거나 거리를 유지하다가 새로운 모습과 마음가짐으로 만남을 시도하면 첫 인상의 효과가 감소하기 때문에 관계가 좋아질 수 있다.

같은 사람이 어떤 특징을 반복적으로 나타낼 때 우리는 그것에 주목하게 되고 반복되는 특징 쪽으로 인상을 변화시킨다. 처음에는 내성적이고 소심한 인상을 준 사람도 웃긴 행동을 자주 하면 점차 유쾌한 인상으로 바뀐다. 이런 현상을 심리학에서는 '빈발 효과(Frequency Effect)'라고 한다.

관계를 살리는 마법의 비율

부부 상담 전문가인 심리학자 존 가트맨은 700쌍 이상의 부부를 관찰해 오랫동안 행복한 관계를 유지하려면 긍정적인 말을 부정적인 말보다 5배 더 많이 해야 한다는 사실을 확인했다.

그는 부부들의 대화를 촬영해 분석했고, 결혼 생활과 이혼 여부를 결정짓는 가장 중요한 변수를 찾아냈다. 바로 부부간에 주고받는 긍정적인 대화와 부정적인 대화의 비율이었다. 금슬이 좋은 부부는 비난이나 무시 같은 부정적인 발언을 한 번 하면 격려나 칭찬 같은 긍정적인 표현은 적어도 다섯 번 이상 하는 것으로 나타났다. 반대로 긍정적인 대화와 부정적인 대화의 비율이 5:1 이하로 떨어지면 부부 관계에 금이 가기 시작했고, 존 가트맨은 이를 '마법의 비율(Magic Ratio) 5:1'이라고 명명했다.

행복한 결혼 생활을 원한다면 상대방에게 한 가지의 부정적인 메시지 전달할 때마다 적어도 다섯 가지 이상의 긍정적인 메시지를 전달해야 한다. 이 마법의 비율은 부부 관계에만 적용되는 것이 아니다. 나쁜 인상을 바꾸려면 그에 비해 5배 정도 공을 많이 들여야 한다.

결론적으로 말하면 첫인상의 효과가 아무리 강력해도 충분히 노력하면 그것을 뒤집을 수 있다. 누군가와의 만남에서 첫인상을 구겼다고 그냥 물러설 필요는 없다. 안 좋았던 첫인상이 어느 정도 감소되기를 기다렸다가 새로운 마음가짐으로 만나면 된다. 구겨진 첫인상을 만회할 수 있는 태도와 행동을 반복해서 보여 준다면 사람의 인상은 얼마든지 긍정적으로 바꿀 수 있다.

KEY POINT

인간관계에서 첫인상만큼 중요한 것도 없다. 한번 박히면 좀처럼 바꾸기가 어렵기 때문이다. 하지만 아무리 좋았던 첫인상도 단 한 번의 나쁜 행동으로 완전히 달라질 수 있다. 그러므로 좋은 인상을 오래 유지하고 싶다면 나쁜 행동을 하지 않도록 유의해야 한다. 만약 이미 구겨진 인상을 만회하고 싶다면 마법의 비율, 5:1의 법칙을 떠올리면서 지속적인 노력을 해야 한다.

22

상대의 마음을 얻는 아주 단순한 행동

| 유사성의 효과 |

그대가 누구와 교제하고 있는지를 내게 말해 보라.

그럼 나는 그대가 어떤 사람인지를 알려 주겠다.

- 괴테

'유유상종', 비슷한 사람들끼리 어울린다는 말이다. 서로 친하게 지내는 사람들은 성격이나 취향, 생활 환경, 버릇, 습관, 교육 수준이나 종교적 신념 등이 일치하는 경우가 많다.

미국은 다양한 인종이 섞여 사는 나라지만, 미국의 신혼부부들을 조사한 결과 99% 이상의 부부들이 동일한 인종이며 94%가 동일한 종교를 가진 것으로 나타났다. 더욱이 교육 수준, 경제적 배경, 심지어 신장이나 눈동자 색 같은 신체적인 특성까지도 유사함이 밝혀졌다.

왜 사람은 자신과 비슷한 사람을 만날까?

사람들은 자신이 매력이 없다고 생각하면 성공 가능성을 높이기 위해 자신과 비슷한 수준의 상대를 선택한다. 이처럼 상대를 선택할 때 상대의 매력 정도뿐 아니라 성공 가능성을 고려해서 결정한다는 이론을 심리학에서는 '기대 가치 이론(Expectancy-Value Theory)'이라고 한다. 어찌 보면 배우자의 선택이나 교우 관계에서도 냉혹한 시장 경제 논리가 적용된다는 이야기다. 물론 배우자의 경우 평생을 함께 살 사람을 고르는 것이기 때문에 그 어떤 거래보다 더 철저한 시장 논리가 적용될 수도 있다.

실제로 술집이나 극장 로비에서 부부들을 관찰하고 두 사람의 매력 정도를 평가한 연구 결과, 부부간의 신체적 매력 정도도 매우 일치했다. 다시 말하면 매력적인 사람은 매력적인 사람과 짝이 된다는 것이다.

이처럼 사람들은 자신과 비슷한 사람에게 끌리는 경향이 있다. 심리학에서는 이를 '유사성의 효과(Similarity Effect)'라고 한다. 유사성이 호감을 유발하는 한 가지 이유는 사람들이 자기의 의견이나 행동에 가치를 부여하고자 하는 욕구와 관련돼 있다. 신념과 태도가 비슷한 사람일수록 자신의 생각과 행동에 정당성을 부여하기 때문에 비슷한 사람을 찾는다. 반대로 가치관이나 취향이 다른 사람일수록 자신의 의견에 가치를 부여할 수 있는 기회가 그만큼 줄어들기 때문에 자신과 의견이 다른 사람을 피하는 것이다.

비슷하지 않은 사이에서는 자연히 의견 충돌이 생기고, 그 과정에서 자신의 의견이 무시당하면 자존심도 상한다. 누가 이를 환영하겠는가? 그래서 부부간의 종교가 다르거나 고부간의 생활 방식이 비슷하지 않으면 갈등이 생긴다. 비록 매력 정도나 경제적인 수준에서는 비슷할지라도 생활 습관이나 가치관이 다른 경우에는 갈등을 피하기 어렵다.

자신의 태도와 유사한 사람들과 같이 있는 것은 자존심 유지와 갈등 감소 외에 또 다른 이점을 제공한다. 취향이 비슷한 사람들은 서로 상대의 행동을 더 쉽게 예측할 수 있기 때문이다. 우리는 상대가 어떻게 나올지 도무지 종잡을 수 없을 때 스트레스를 받는다. 따라서 스트레스를 줄이려면 상대의 행동을 미리 짐작할 수 있어야 하는데, 이를 위해서는 피차 유사한 사람을 찾는 것이 편하다.

행동을 따라 하는 것만으로도 마음을 연다

유사성이 있기 때문에 좋아하는 감정이 생기기도 하지만, 오랫동안 함께 살거나 서로 좋아하면 비슷하게 닮아 간다. 결혼 초기에는 각자 개성이 뚜렷했던 부부들도 몇십 년 함께 살다 보면 식성이나 취미, 사고방식, 심지어는 얼굴까지도 닮아 간다. 사람들은 살아가면서 너무 다르면 피차 괴롭고, 비슷하면 더 행복해질 수 있다는 사실을 터득해 가는 것 같다. 그래서 서로 양보하고 상대에게 맞춰 가려는 노력을 한다.

언젠가 제주도에 갔을 때의 일이다. 언제나 그렇듯이 그날도 곳곳에서 신혼부부를 만날 수 있었다. 그들이 신혼부부임을 한눈에 알아볼 수 있었던 것은 그들이 똑같은 셔츠나 바지를 입었기 때문이다. 어쩌면 결혼 생활을 행복하게 할 수 있느냐의 여부는 서로 얼마나 유사한 태도나 취향으로 조절해 나가느냐에 달려 있는지도 모른다.

카페나 술집 등에서 함께 어울리는 사람들의 행동을 관찰하다 보면 가까운 사이일수록 자세나 동작이 일치하는 경우가 많다. 여자가 웃으면 남자도 웃고, 창밖을 쳐다보면 따라서 쳐다보고, 스푼으로 커피 잔을 저으면 상대도 따라 젓는다.

친구끼리 술을 마실 때도 마찬가지다. 안주에 손을 대면 잠시 후 상대도 그것에 젓가락질을 하고, 한 사람이 술잔을 비우면 곧이어 상대가 술잔을 비운다. 그래서 술을 급하게 마시는 사람과 있으면 권하지 않아도 상대를 따라서 급하게 마시게 된다.

재미있는 것은 친한 사이일수록 이런 행동의 일치가 자주 그리고 많이 일어난다는 것이다. 좋아하는 사람이 웃으면 우습지 않은 일에도 흔쾌히 따라 웃지만, 싫어하는 사람과 있을 때는 서로 따라 하는 일도 적다. 마지못해 따라 하더라도 시간이 많이 지난 다음에야 같은 행동을 한다. 이처럼 좋아하는 사이나 친해지고 싶은 사람들 사이에서 자세나 행동이 일치하는 것을 '동시성 현상(Synchronism Phenomena)'이라고 한다.

오래전에 〈사랑의 기적〉이라는 영화를 본 적이 있다. 병원이나 학교에서 포기한 자폐증 아이의 부모가 스스로 아이를 치료하는 데 성공하는 해피 엔딩 영화였다. 부모는 아이의 행동을 묵묵히 따라 하는 데 최선을 다했다. 부모에게 철저히 무관심하고 허리를 까닥거리면서 접시 돌리기에 열중하는 아이 옆에서 부모는 단지 아이와 똑같은 행동을 반복할 뿐이었다. 마침내 그 아이는 부모를 쳐다봤고, 스스로 닫았던 마음의 문을 열었다. 최근에 본 〈카드로 만든 집〉이라는 영화에서도 자폐를 치료하는 어머니의 이야기를 다뤘다. 이 영화에서도 아이의 입장에서 세상을 바라보는 엄마의 태도와 행동이 아이의 마음을 열었다.

같은 행동을 하는 것만으로도 사람들은 호감을 형성하고 친근감을 느낀다. 왠지 불편하다고 느껴지는 사람을 유심히 관찰해 보라. 아마 그 사람은 나와 일치하는 행동이 적은 사람일 것이다. 그렇다면 비슷한 사람에게 끌리는 이유는 무엇일까? 세 가지 이유가 있다.

첫째, 비슷한 사람과 함께 있으면 자신의 태도나 행동이 타당하고 정당하다는 것을 확인받을 수 있다.

둘째, 비슷한 사람과 어울리면 동질감을 느끼기 때문에 의견 충돌이나 갈등이 일어날 가능성이 낮다.

셋째, 비슷한 사람과 어울리면 서로의 가치관과 신념을 더 잘 이해하기 때문에 상대방에 대한 예측 가능성이 높아진다.

'유유상종', '동병상련', '가재는 게 편'뿐 아니라 '깃털이 같은 새끼리 모인다'는 서양 속담도 있다. 모두 사람은 자신과 유사한 사람에게 끌린다는 유사성의 원리를 설명한다. 그러므로 친밀한 관계를 유지하고 싶다면 상대방과 유사한 태도나 취향을 가지려고 애써야 한다. 그리고 상대방과 더 생산적이고 성장하는 관계로 발전하고 싶다면 태도나 신념에서 유사성을 공유하며, 서로의 부족한 점을 보완해 줄 수 있는 상보적인 관계가 돼야 한다.

23

당신은 얼마든지 비난하지 않을 수 있다

| 나 전달법 |

대화는 배울 수 있는 기술이다.

노력한다면 당신의 삶의 모든 부분의 질을 빠르게 개선할 수 있다.

- 브라이언 트레이시

'갈등(葛藤)', 칡을 뜻하는 '갈(葛)'과 등나무를 뜻하는 '등(藤)'을 합친 말로 칡덩굴과 등나무 덩굴이 엉망으로 뒤엉킨 것처럼 사람들의 가치관이나 견해 또는 이해관계가 복잡하게 뒤엉켜 화합하지 못한 상태를 말한다.

가족 간의 관계부터 운전 중에 마주치는 낯선 사람들과의 관계에 이르기까지 사람과 사람이 만나는 상황에서 갈등은 불가

피하다. 우리는 모두 배경이나 경험도 다르고 생각이나 욕구도 다르기 때문이다. 갈등은 불쾌한 감정을 유발하므로 사람들은 갈등을 해결하기 위해 대화를 시도한다. 이때 소통이 잘되면 갈등을 해소하고 좋은 관계로 발전하지만, 많은 경우에 대화가 언쟁으로 바뀌면서 갈등이 점점 더 심각해진다.

감정을 전할 때는
비난을 전달로 바꿔라

갈등을 해결하기 위해 대화를 시도했는데, 왜 갈등이 더 심해질까? 가장 큰 이유는 자신의 생각이나 감정을 침착하게 표현하기보다 서로 상대방의 문제점을 지적하고, 비난하기 때문이다. 갈등을 효과적으로 해결하기 위한 방법은 의외로 간단하다. 대화의 방식을 바꾸면 된다. 상대방을 판단하거나 비난하는 대신 내 생각과 감정을 진지하고 침착하게 전달하는 것이다. 심리학에서는 이를 '나 전달법', 'I Message 전달법'이라고 한다.

예를 들어 배우자가 늦게 들어와서 화가 났다면 "당신 지금 몇 시야? 정신이 있어 없어?"라고 비난하는 대신 "나는 일찍 오면 같이 저녁을 먹으려고 했는데, 연락도 없이 안 들어와서 너무 화가 났어. 그리고 걱정도 되고 말이야"라고 말할 수 있다.

아이가 방을 치우지 않을 때 "넌 왜 허구한 날 방을 그렇게 돼

지우리처럼 만들어 놓니?"라고 비난하는 대신 "엄마는 우리 아들이 깔끔하게 정리된 방에서 공부하는 모습을 보고 싶은데"라고 내 생각을 전달할 수 있다.

상대를 평가하거나 비난하는 대신 내 생각과 감정을 표현하는 '나 전달법'은 다음의 이유로 갈등 해결에 매우 효과적이다.

첫째, 상대방을 비난하거나 공격을 하지 않기 때문에 상대방을 자극하지 않는다.

둘째, 내 생각과 감정을 전달하기 때문에 상대방이 나에 대해 더 잘 이해할 수 있다.

셋째, 감정적으로 격앙되는 것을 방지해 이성적이고 합리적인 해결책을 모색할 수 있다.

나와 상대를 모두 바꾸는 '나 전달법' 11가지

갈등 상황에서 벗어나고 싶다면 평소에 다음과 같은 연습을 해 두는 것이 좋다.

○ 상대방을 비난하기보다 자신의 감정을 표현한다.

"당신이 무능해서 이 꼴이잖아!" 하고 상대방을 판단하고 비난하면 상대방도 이쪽을 비난할 거리부터 찾는다. 그러나 "일이 그렇게 돼서 내 마음이 답답하고 속상해" 하고 자신의 감정을 표현하면 상대방의 반발심이 줄어들고, 상대방도 자신의 문제를 돌아볼 수 있다.

○ 과거를 들추기보다 지금의 문제에만 초점을 맞춘다.

우리는 보통 싸움을 할 때 누적된 불만까지 한꺼번에 싸잡아서 비난한다. 그러나 이 방법을 사용하면 상대도 역시 똑같이 당신의 과거를 끄집어내기 때문에 싸움은 끝이 나지 않는다.

○ 독심술을 하는 것처럼 지레짐작해서 말하지 않는다.

'누가 그 속을 모를 줄 아느냐'는 마음으로 넘겨짚어 이야기하는 것보다 논쟁 거리가 되는 구체적인 행동을 주제로 삼는 것이 갈등의 원인을 밝히는 데 더 효과적이다. 추측한 내용이 맞았을 때는 속셈이 발각돼서 화가 나고, 틀렸을 때는 오해를 받았기 때문에 기분이 상한다.

○ 상대방이 말하는 도중에 끼어들지 않는다.

비겁한 의사소통 방법 중 하나는 약점이 잡히거나 감정이 상했을 때 상대방이 말하는 도중에 끼어드는 것이다. 이런 행동은 말하는 사람을 혼란스럽게 하고 짜증 나게 해 적개심을 유발한다. 그럴 때는 그저 실컷 말하게 두면 제풀에 떨어진다.

○ 구체적으로 요구한다.

상대에게 행동 변화를 요구할 때는 무엇을 어디에서 어떻게 해야 하는지 구체적으로 요구하라. “좀 제대로 할 수 없어?”라고 모호하게 말하기보다 “메일을 쓸 때 띄어쓰기에 신경을 쓰는 게 좋겠는데”라고 말하는 것이 행동 변화를 더 잘 유도할 수 있다.

○ 그 상황에서 자신이 기꺼이 할 것을 언급한다.

상대방의 행동만 지적하기보다 상대방의 변화와 함께 자신의 행동도 기꺼이 바꾸려는 모습을 보이며 상호의 노력을 강조한다. 그래야 상대방도 부당한 요구라는 생각을 덜 하기 때문이다. “술 마시지 마라”보다는 “나도 아이들 돌보는 일에 더 신경을 쓸 테니까 당신도 일찍 와서 도와줘요”라고 말하는 것이 상대가 손해 보는 느낌을 덜 받는다.

○ 장점을 거론한 다음에 문제점을 다룬다.

사람들은 단점을 지적받으면 그것이 그의 일부분에 불과함에도 전체적인 평가로 받아들인다. 먼저 바람직하다고 생각하는 점을 인정하고, 문젯거리를 이야기함으로써 상대방이 쉽게 자신의 문제를 받아들이게 한다. “도대체 하는 일이 뭐야”보다 “노력하고 있는 것은 잘 알아. 그러나 이런 점은 고치는 것이 좋겠어"라는 말이 더 설득력이 있다.

○ 자신의 감정이나 사고에 책임을 진다.

실망하거나 긴장했을 때 그런 감정을 유발한 것은 자신의 사고라는 사실을 받아들인다. 상대가 원인을 제공할 수는 있지만, 사고 자체는 자신의 것일 수밖에 없다. '그 사람이 기분을 나쁘게 했다'가 아니라 '그것을 내가 받아들이지 못해서 화내고 있다'고 생각하는 것이 감정을 쉽게 가라앉히는 방법이다.

○ 제삼자를 끌어들이지 않는다.

부부 싸움이 심각해지는 이유 중 하나는 상대를 비난할 때 "당신네 집에서는 그렇게밖에 안 가르쳤냐"같이 처가나 시댁을 끌어들이기 때문이다. 또한 자신의 의견을 표현하면서도 존재하지 않는 세력을 만들기 위해 "길 가는 사람 다 붙잡고 물어봐라. 누가 옳은지"라며 비난하는 것도 제삼자를 끌어들이는 것이다. 이런 표현은 나는 전적으로 옳고 상대방은 무조건 틀렸다는 압력을 가하기 때문에 사태를 더욱 악화시킨다.

○ 다른 사람과 비교해서 요구하지 않는다.

"옆집 혜진이 엄마처럼 머리 좀 깔끔하게 할 수 없어?" 따위의 말을 했을 때 벌어질 사태는 불 보듯 뻔한 일이다. 스스로 못났다고 생각하는 사람도 다른 사람보다 못하다는 소리를 듣고 싶지는 않다. 누군가와 비교하면 실감은 날지 몰라도 설득력은 갖지 못한다. 차라리 "당신, 살림은 깔끔하게 하는데 말이야…"라는 식으로 상대방의 장점과 비교하라.

○ 상관없는 약점을 비난하지 않는다.

어떤 일로 다투다가도 사태가 불리해지면 그것과 전혀 상관없는 약점을 헐뜯는 경우가 있다. "당신이 잘생겼어? 아니면 남보다 연봉이 높아? 가사라도 잘 도와줘야 할 것 아냐!"같이 타고난 외모나 수입 등 상대방이 의지를 가져도 쉽게 바꿀 수 없는 것을 들먹거리면 들어주려던 요구도 거절한다. 비난하거나 요구할 때는 상대방이 고칠 수 있는 행동만 요구할 것을 명심하자.

KEY POINT

사람과 사람이 만나는 모든 상황에서 갈등은 불가피하다. 모두 배경이나 경험도 다르고 생각이나 욕구도 다르기 때문이다. 갈등에서 벗어나 좋은 관계를 유지할 수 있는 가장 좋은 방법은 자신의 생각과 감정을 차분하고 침착하게 전달하는 '나 전달법'을 연습하는 것이다. 대화는 타고난 능력이 아니라 공부하고, 연구하고, 연습해야 하는 일종의 기술이다. 법구경에 이런 말이 있다.

"종을 고요히 치듯 착한 마음으로 부드럽게 말하면 그의 몸에는 시비가 없어 그는 이미 열반에 든 것이니라."

PART 3

어떻게 보면 인생이 더 행복해질까

현실을 깨는 인생의 법칙

24

노인의 시간은 실제로 빠르게 흐른다

| 시간 축소 효과 |

미인 옆에 있는 시간은 1시간이 1분처럼 빨리 가고,

뜨거운 난로 곁에 있는 시간은 1분이 1시간처럼 느껴진다.

- 알베르트 아인슈타인

사람들은 지하철에서 잠을 자다가도 내려야 할 시간이 되면 어김없이 눈을 뜬다. 또 전날 잠자리에 든 시간과는 관계없이 다음 날 아침에 거의 비슷한 시간에 일어난다. 이런 사실은 사람들이 잠을 자면서도 시간이 어느 정도 지났는지 알고 있음을 보여 준다.

그러나 어떤 때는 시간이 너무 빨리 가고, 어떤 때는 너무 느리게 간다. 즉 시간을 판단하는 것이 그렇게 정확지만은 않다는 것이다.

'일각이 여삼추', 한순간이 3년처럼 길게 느껴진다는 말이다. 기다리던 점심시간을 앞두고 있을 때는 시간이 더디 가지만, 게임을 할 때나 사랑하는 사람과 데이트할 때는 시간이 너무 빨리 지나가서 안타깝기만 하다.

몸과 마음의 상태에 따라 시간의 속도가 달라진다

우리 몸에는 시간의 흐름을 판단하도록 도와주는 생리학적인 시계들이 있다. 시계가 초침, 분침, 시침의 움직임이 모여 돌아가는 것처럼 사람들도 일정한 규칙에 의해서 움직이는 여러 가지 생리학적인 기관을 갖고 있다. 심장 박동이 호흡이 그것의 대표적인 예이며, 체온이나 호르몬의 분비 및 신진대사도 일정한 리듬을 갖고 있다.

사람들의 시간 지각 능력은 이런 생리적인 변화와 물리적인 시간을 대응시키는 과정에서 발달한다. 그러나 상황이나 기분 또는 생각하는 바와 행하는 바가 무엇인가에 따라서 시간에 대한 지각이 달라진다. 지겨운 공부를 할 때와 신나는 게임을 할 때의 시간은 같은 속도로 흐르지 않는다. 우리가 지각하는 시간의 길이는 생체 시계의 변화뿐 아니라 심리적인 상태에도 영향을 받기 때문이다.

시간의 지각이 체온의 영향을 받는다는 사실을 맨 처음 확인한 사람은 심리학자 호글랜드다. 그는 어느 날 아내가 독감으로 체온이 39도나 되는 고열에 시달려서 약국에 간 일이 있었다. 집으로 돌아오자 그의 아내는 "약 좀 사는 데 몇 시간씩이나 걸리냐"라며 그에게 화를 냈다. 사실은 20분 정도밖에 안 걸렸는데도 말이다.

그 순간 호글랜드의 머리에 뭔가 스쳤다. 그는 아내에게 1초에 숫자 하나씩 1분 동안 60까지 세어 보라고 말했다. 스톱워치로 시간을 재 본 결과, 고열 상태에서는 시간 감각에 문제가 발생한다는 사실을 확인했다. 즉 체온이 39도로 올라간 상태에서 아내가 1분이라고 말한 시간은 실제로 37.5초에 불과했다. 나는 이 대목에서 고열에 시달리는 아내의 시중을 드는 동안에도 실험 정신을 잃지 않았던 호글랜드에게 경의를 표한다.

어쨌든 열이 오르면 신체의 생리적인 활동이 증가하는데, 이는 생체 시계를 빨리 돌아가게 만든다. 호흡이나 맥박 같은 생체의 변화가 빨라지면 주관적으로 판단하는 시간이 실제 시간에 비해 빨리 간다. 그래서 이때 시계를 보여 주면 그 시계가 느리게 간다고 느끼는 것이다.

고열뿐 아니라 암페타민이나 카페인 같은 흥분제를 복용했을 때도 생리적인 활동이 빨라진다. 그래서 흥분제를 습관적으로 복용하는 사람들은 그렇지 않은 사람들에 비해 인생을 지루하다고 느끼는 것이다.

이와는 반대로 진정제는 생리적 변화를 지연시킨다. 진정제를 복용하면 생체 시계는 보통 때보다 느리게 가기 때문에 실제 시간이 더 빨리 가는 것처럼 느껴진다.

생체 리듬의 변화뿐 아니라 우리가 하는 일의 양이나 태도, 기대 등에 의해서도 시간은 다르게 느껴진다. 별로 하는 일이 없는 경우보다 여러 가지 일을 해치우고 난 다음이 더 많은 시간이 지난 것처럼 느껴진다.

한 연구에서는 사람들에게 1초에 한 번씩 소리를 제시하는 조건과 2초에 한 번씩 소리를 제시하는 조건으로 녹음테이프를 10여 분 정도 들려 줬다. 그리고 시간을 판단하게 했더니 전자의 경우가 시간을 더 길게 추정했다. 이런 결과는 사람들이 처리하는 정보와 경험하는 사건이 많을수록 시간을 길게 느낀다는 것을 의미한다.

사건이 없는 것 중의 대표적인 예가 잠을 잘 때다. 우리는 잘 때 꿈을 꾸기도 하지만, 깨어 있을 때보다는 처리해야 할 일이 적다. 그래서 잠잘 때 시간이 무척 빨리 지나가는 것이다.

길을 갈 때도 초행길은 멀게 느껴지지만, 돌아올 때는 가깝게 느껴진다. 처음 가는 길은 이것저것 파악할 일이 많기 때문이다. 이처럼 처리하는 사건의 수에 따라 시간을 다르게 추정하는 것을 심리학에서는 '사건 처리 가설(Event Processing Hypotheses)'이라고 한다.

사람들은 자신이 하고 싶은 일에 몰두할 때 집중력이 증가하며, 정보 처리 속도도 당연히 빨라진다. 그러나 실제로 처리할 정보가 많아지는 것에 비해 주의력은 감소하므로 주관적으로 추정하는 정보의 양은 줄어든다.

아쉬울수록 주관적 시간은 실제보다 느리게 흐른다. 기대했던 것보다 처리한 정보가 적다고 판단하기 때문이다. 그래서 행복하다고 느낄 때는 시간이 너무 빨리 가는 것이다.

빨리 끝났으면 하는 강의를 듣는 대학생이나 소풍 전날 어린 아이들이 느끼는 시간은 지루하기만 하다. 시간이 잘 안 간다. 애인이 약속 시간이 지났는데 나타나지 않을 때도 마찬가지다. '혹시 약속 시간을 잘못 알고 있나?', '사고가 난 것은 아닌가?' 하고 다양한 생각이 머리에 떠오른다. 기다리는 데 전념할 수 없을 뿐 아니라 머릿속에서 수많은 정보를 처리하기 때문에 시간이 안 가는 것이다.

지루할 때는 현재의 상황에 주의를 기울이지 못해 정보 처리 속도가 느려진다. 처리하는 정보의 양이 적어지면 주관적인 시간은 빨리 가고, 상대적으로 시곗바늘의 움직임이 느리게 느껴진다. 즉 1시간쯤 됐을 것이라고 생각하고 시계를 보면 30분밖에 지나지 않았음을 알 수 있다. 그래서 기다릴 때는 지루하고 데이트할 때는 시간이 화살같이 빠르게 지나간다. 다시 말하면 붙잡고 싶은 시간은 빨리 가고, 보내고 싶은 시간은 느리게 가는 것이다.

시간을 천천히 흐르게 만드는 방법

"시간이 화살보다 더 빨라."

"한 해가 순식간에 지나가네."

"시간이 30대는 30km, 40대는 40km 속도로 간다더니 이젠 완전 빛의 속도네."

다소 과장된 면도 있지만 모두 나이 든 사람들이 너무 빨리 지나가는 시간을 아쉬워하는 말이다. 그런데 나이가 들면 정말로 시간이 더 빨리 지나가는 것처럼 느껴질까? 결론부터 말하면 그렇다. 그렇다면 그 이유는 무엇일까? 물리적인 시간과 심리적인 시간이 다르기 때문이다.

신경학자 피터 맹건은 20대 학생들과 60~80대 노인들에게 마음속으로 초를 세며 3분이 됐다고 생각하는 시점에 스톱워치의 정지 버튼을 누르게 했다. 그 결과 학생들은 평균 3분 3초에, 노인들은 평균 3분 40초에 정지 버튼을 눌렀다. 똑같은 3분도 노인들이 젊은 학생들보다 훨씬 더 짧게 느끼기 때문이다.

심리학의 아버지 윌리엄 제임스는 나이가 들면서 시간이 더 짧게 느껴지는 이유를 아주 흥미로운 관점에서 설명했다. 사람들은 시간의 길이를 자기가 살아온 시간과 비교해서 판단한다는 것이다. 쉽게 말하면 똑같은 1년도 5세 아이는 인생의 5분의 1로 느끼고, 50세는 인생의 50분의 1로 느끼기 때문에 50세 어른은 5세 아이보다 1년을 10배나 빠르게 느낀다는 것이다. 이처럼 나이가 들수록 일정한 시간의 길이가 인생에서 차지하는 비율이 줄어드는데, 이를 '시간 수축 효과(Time Compression Effect)'라고 한다.

시간에 따라 늘어나는 나이에 따라 빠르게 흐르는 시간이 야속하고 아쉬운가? 나이가 들수록 세월이 쏜살같이 지나간다고 아쉬워하는 사람들이 많다. 그럴 때 우울해 하는 것 말고 시간이 천천히 흐르도록 할 수는 없을까? 다행히 좋은 방법이 있다.

새로운 경험과 기억을 많이 만드는 것이다. 예를 들면 새로운 악기 연주를 배워 보는 것도 좋고, 낯선 곳을 여행하는 것도 좋고, 독서 동아리에 참여해서 낯선 주제의 책들을 읽어 보는 것도 좋다. 다양한 도전과 경험을 통해 새로운 에피소드를 많이 만들어 낼수록 우리의 삶은 더욱더 풍요로워지고, 그만큼 시간도 더 많아졌다고 느낄 것이다. 여기에는 몇 가지 근거가 있다.

나이가 들수록 시간이 빠르게 느껴지는 여러 가지 이유 중 하나는 나이가 들수록 처리하는 정보와 기억하는 것이 적기 때문이다. 심리적인 시간은 곧 이미지들의 집합이라고 할 수 있다. 물리적인 시간의 길이는 똑같아도 그 시간 동안에 처리한 일이나 기억의 양이 많을수록 시간은 길게 느껴진다.

식사 시간에 대한 기억을 예로 들어 보자. 식사를 시작할 때부터 끝날 때까지 나왔던 메뉴나 주고받은 이야기, 주변 풍경 등 수많은 이미지를 기억할 수 있는 사람은 그 시간이 길게 느껴질 것이다. 반면, 밥을 먹었다는 것 말고는 아무것도 기억하지 못하는 사람은 식사 시간을 훨씬 더 짧게 기억한다.

어릴 때는 모든 것이 신기하고 생소하게 느껴진다. 하지만 나이가 들면서 모든 것이 익숙해지고, 정보 처리 속도도 느려져 기억하는 이미지의 양이 적어지기 때문에 나이에 따라 시간의 지각이 달라진다. 그러므로 시간의 속도를 늦추면서 풍요로운 삶을 보내고 싶다면 무엇보다 호기심을 갖고, 새로운 일에 도전하면서 우리의 뇌에 더 많은 이미지를 저장해야 한다. 사람은 나이를 먹어서 늙는 것이 아니라 호기심과 도전 정신을 잃기 때문에 늙는다.

시간에는 물리적인 시간과 심리적인 시간이 있다. 똑같은 시간도 상황에 따라서, 나이에 따라서 그 속도가 다르게 느껴진다. 나이가 들면 시간이 더 빨리 가는 것처럼 느껴진다고 하면서 덧없이 지나가는 시간을 아쉬워하는 사람들이 많다. 흘러가는 시간을 붙잡을 수는 없지만, 주어진 시간을 얼마나 의미 있고 충만하게 보낼 것인가는 순전히 우리 자신의 몫이다.

25

비둘기를 파랑새로 바꾸는 방법

| 파랑새 증후군 |

수많은 나라를 여행했다. 높은 산과 대양을 봤지만,
내가 보지 못한 것은 집 앞 잔디에 맺힌 반짝이는 이슬방울이었다.

- 타고르

일전에 대기업의 인사부장인 친구를 만났을 때 들은 이야기가 있다. 요즘처럼 취업이 힘든 시기에 어려운 관문을 뚫고 들어온 신입 사원들이 얼마 안 돼 특별한 이유 없이 사표를 쓰는 일이 갈수록 늘어 간다는 것이다.

사실 평생직장이라는 개념이 사라진 지 오래된 요즘, 자신의 잠재력을 발휘할 수 있는 더 좋은 직장이나 일거리를 찾아 직장을 옮기는 것은 어떻게 보면 바람직한 일이기도 하고 불가피한 현상이기도 하다. 문제는 많은 사람이 현재에 만족하지도 못하고 최선을 다하지도 않으면서 막연하게 더 나은 뭔가를 찾아 헤맨다는 것이다.

나의 행복은 어디에 있을까

상담하다 보면 어떤 직장에 취업을 하든 그 직장에 만족하거나 최선을 다하지 못하고, 자기에게 맞는 더 좋은 조건을 찾아 이 직장 저 직장을 기웃거리는 사람들이 있다. 또 현재의 연인이나 배우자에게 만족하지 못하고 항상 더 나은 사람을 원하는 사람들도 있다. 이처럼 직장이나 일, 사람이나 사는 곳 등 현재의 삶에 만족하지 못하고 항상 더 나은 삶을 찾아 헤매는 것을 '파랑새 증후군(Blue Bird Syndrome)'이라고 한다.

이 말은 벨기에의 극작가인 모리스 마테를링크의 아동극 〈파랑새〉에서 유래됐으며 줄거리는 이렇다.

'초라한 오두막에서 크리스마스이브에 부잣집 아이들이 맛있는 것을 먹는 것을 지켜보기만 하던 남매의 꿈속에 요술쟁이 할머니가 나타난다. 할머니는 자신의 아픈 딸을 위해 행복의 파랑새를 찾아 달라고 부탁한다. 남매는 파랑새를 찾기 위해 먼 여행을 떠난다. 죽음의 나라와 과거의 나라를 돌아다니며 살펴보지만, 그 어디에서도 행복의 파랑새는 찾을 수 없어 절망한다. 그러다 꿈에서 깬 남매는 자신들이 기르던 비둘기가 파랑새라는 것을 깨닫는다.'

행복은 먼 곳이 아닌 바로 우리 곁에 있음을 알려 주는 교훈적인 이야기다. 그러니까 "파랑새나 쫓고 있다"라는 말은 자신의 주변이나 현실에 만족하지 못하고 비현실적인 계획과 희망으로 멀리 있는 행복을 찾아 헤매는 것을 빗댄 것이다.

물론 적성에도 맞지 않고 능력을 발휘할 수도 없는 직장에 죽자 살자 붙어 있을 필요는 없다. 분명한 목표를 가지고 합리적인 이유를 찾아서 보다 나은 직장을 구할 수 있는 용기도 필요하다. 그러나 문제는 현재에 충실하지 않고 허황된 꿈만을 찾아 헤매는 파랑새 증후군의 특징을 보일 때다. 파랑새 증후군을 가진 사람은 다음과 같은 문제들을 보인다.

첫째, 현재의 삶에 충실하지 못하다.

더 좋은 직장에서 더 좋은 일을 해야 최선을 다할 수 있다고 생각하고, 더 좋은 사람을 만나야 더 좋은 관계를 유지할 수 있다고 생각한다. 그렇기 때문에 현재의 직장이나 지금 만나는 사람에게 충실하지 못하다. 학교생활을 할 때나 군 생활을 할 때도 취업을 하거나 제대를 하면 최선을 다할 것이라고 생각한다. 하지만 취업을 하거나 제대를 하면 다시 더 나은 상황에서 최선을 다해야겠다고 생각하기 때문에 늘 불성실하고 최선을 다하지 않는다.

둘째, 스트레스를 많이 받는다.

어떤 상황에서도 현재에 만족하는 것이 아니라 더 나은 상태를 갈구하기 때문에 항상 불만족스럽다. 지금 하는 일에 의미를 부여하지 못하기 때문에 그 일에 최선을 다하지 못하고, 그럼 당연히 성과가 저조할 수밖에 없다. 성과를 올리지 못하면 직장에서 승진도 어렵고 제대로 된 대우를 받을 수가 없다. 그러므로 똑같은 일을 하더라도 다른 사람들보다 훨씬 더 많은 스트레스를 받는다.

셋째, 대인 관계가 원만하지 않다.

파랑새 증후군을 가진 사람들은 지금 만나는 사람들보다 더 나은 사람들을 만나야 한다고 생각하기 때문에 함께 일하고 어울리는 사람들에게 최선을 다하지 못한다. 그래서 주변 사람들과도 관계가 나쁘다. 자기가 원하는 대로 해 줘야 하니 좋아할 사람이 있을 리 없다. 지금 만나는 사람들과 잘 어울리고, 좋은 관계를 유지할 수 있어야 다른 곳에서 다른 사람들을 만나도 잘 어울릴 수 있다.

이 순간 이 자리에서 성공하는 법

○ 적성 타령만 하지 말고 공부하고 연구하라.

언젠가 졸업생 한 명이 찾아와 자기가 하는 일이 적성에 안 맞는다며 다른 일을 찾아봐야 할 것 같다는 고민을 털어놓았다. 나는 먼저 그 분야에 대해 얼마나 공부했냐고 물었다. 예상대로 그는 따로 공부한 것이 별로 없다고 했다. 나는 그에게 업무 시간 외에 적어도 하루에 1시간씩 1년만 그 분야에 대해 공부해 본 후에 결정하라고 제안했다.

"그 누구든 직접 해 보지 않고는 자기 안에 어떤 재능이 도사리고 있는지 아무도 알 수 없다."

헤밍웨이의 말이다. 나는 여기에 한마디를 덧붙이고 싶다. 그냥 해 보는 것이 아니라 공부하고 연구하면서 해야 한다는 것이다. 어떤 분야든 그 분야에 대해 철저하게 공부하고 연구하지 않고는 절대 그 분야에 대한 적성이나 재능을 논해서는 안 된다.

○ 해야 할 일을 하고 싶은 놀이로 만들어라.

현대인은 많은 시간을 일과 보내고 있다. 하지만 안타깝게도 대다수의 사람이 일을 고역으로 받아들이며, 인생의 의미를 일이 끝난 이후에 일터가 아닌 곳에서 찾으려고 한다. 그러면서 '죽지 못해 한다'는 식으로 일하거나 더 편하고 더 자신에게 맞는 일만 찾아 헤맨다. 하지만 성공하는 사람들은 다르다. 그들은 어디서 무슨 일을 하건 자기가 하는 일을 놀이처럼 즐긴다.

에디슨은 이렇게 말했다.

"나는 평생 단 하루도 일하지 않았다. 재밌게 놀았다!"

천재는 노력하는 자를 이기지 못하고, 노력하는 자는 좋아하는 자를 이기지 못하며, 좋아하는 자는 즐기는 자를 이기지 못한다.

○ 하찮은 일에도 의미를 부여하라.

일본에서 마더 테레사 수녀 다음으로 유명한 와타나베 가즈코 수녀가 어린 시절 미국 수도원에서 수행할 때의 일이다. 그녀는 매일 접시를 정리하는 일을 담당했는데, 매우 단조로운 일이었다. 어느 날 접시를 정리하는 와타나베 수녀의 모습을 지켜본 수도원장이 "지금 무슨 생각을 하면서 일을 하고 있나요?"라고 물었다. 그녀는 "딱히 없는데요"라고 대답했다. 그러자 수도원장이 "저런, 시간을 헛되이 보내고 있군요"라며 접시 하나하나 정리할 때마다 그것을 사용하는 사람들을 위해 기도해 볼 것을 제안했다.

이 말에 와타나베 수녀는 크게 놀랐다. 지금까지 단 한 번도 그런 생각으로 접시를 정리한 적이 없었기 때문이다. 그 후 그녀는 수도원장의 권유대로 접시를 사용하는 사람들을 위해 기도하면서 접시를 닦았다.

'이 사람이 오늘도 건강하게 지내게 해 주소서.'

'이 사람에게 오늘도 좋은 일이 많이 생기게 해 주소서.'

'이 사람의 병이 낫게 해 주소서.'

그러자 마음속에 점점 큰 변화가 나타나기 시작했고, 접시 닦는 일이 하찮은 일이 아니라 매우 가치 있는 일이라는 것을 깨달았다. 무슨 일을 하건 하찮게 여기지 않고, 그 일에 의미를 부여하면 우리는 더 의미 있는 일을 할 수 있고, 그럼 자연스럽게 의미 있는 일이 더 많이 주어진다.

○ 그날그날을 특별한 날로 만들어라.

날마다 새롭고 특별한 일을 한 가지씩 만드는 것이다. 하루가 시작되면 특별한 날을 만들기 위해 어떤 일을 할지 생각하는 시간을 갖는다. 마음을 고쳐먹으면 보잘것없는 환경에서도 휘파람을 불며 지낼 수 있다.

아침에 일어나 새로운 코스로 산책하는 것, 간단하게라도 음식을 만들어 먹는 것, 새로운 주제로 이야기하는 것, 새로 나온 책을 구입하기 위해 서점에 가는 것, 안 읽던 시를 읽어 보는 것, 전화로 안부를 주고받던 부모나 친구에게 편지를 쓰는 것, 하루 정도는 책을 읽고 토론을 하는 것, 최근 보고 느낀 것에 대해 짧은 글을 써 보는 것 등 얼마든지 새롭고 특별한 날을 만들 수 있다.

중요한 점은 특별한 날을 만들기 위해 많은 돈을 들여야 한다거나, 멀리 가서 남들이 하기 힘든 것을 찾아야 한다는 생각을 버리는 것이다. 청소나 요리 등 가까운 곳에서 쉬운 것부터 시작해 보자. 돈을 쓰지 않고도 하루를 특별하게 만들 수 있는 것은 얼마든지 많다. 죽을 때까지 다 해도 모자랄 정도로.

KEY POINT

직장이나 일, 사람이나 사는 곳 등 현재의 삶에 만족하지 못하고 항상 더 나은 삶을 찾아 헤매는 것을 '파랑새 증후군'이라고 한다. 이들은 불만 속에서 살고, 스트레스도 많이 받고, 인간관계에서도 어려움을 겪기 때문에 우울증에 걸릴 가능성도 높다. 하지만 인생의 행복은 결코 멀리 있지 않다. 자신이 하는 일에 의미를 부여하고, 일을 놀이처럼 즐기면서 그날그날을 특별한 날로 만들 수 있다면 어디서 무슨 일을 하건 행복할 수 있다. 파랑새는 찾는 것이 아니라 만드는 것이다.

26

울면 안 된다는 어리석은 주장

| **정서의 말초설** |

함께 우는 것만큼 사람의 마음을 결합시키는 것은 없다.

-장 자크 루소

소리 없이 흘러내리는 눈물. 볼을 타고 내려와 입 가장자리로 스며들면 약간 시큼한 것 같기도 하고 다소 짭짤한 것 같기도 하다. 눈에서 나온다는 점은 같지만, 사람들이 눈물을 흘리는 이유나 사연은 모두 다르다.

아파도 울고, 너무 감격해도 운다. 그러나 사람들이 우는 가장 큰 이유는 뭐니 뭐니 해도 슬퍼서일 것이다. 그런데 슬퍼서 우는지 아니면 울어서 슬픈지가 불확실할 때도 있다. 바로 친구가 울면 영문도 모르고 따라 우는 것이 그 예다.

우는 모습을 보면 마음이 약해지는 이유

아이들이 싸우다가 갑자기 울음을 터뜨릴 때가 있다. 얼굴을 손등으로 훔치자 새빨간 피가 묻어 나왔을 때다. 엎치락뒤치락 싸울 때는 모르다가 피를 보자 아프고 분함이 느껴진 것이다. 초상집에서 울 생각이 없었던 사람들도 상주의 곡소리가 처절해지면 자기도 모르게 소리 없이 눈물을 흘린다.

모두 신체적인 변화를 감지하고서야 감정이 느껴진다는 이야기다. 이런 이론은 제임스라는 미국 심리학자와 랑게라는 덴마크 심리학자가 처음으로 주장했다. 신체의 말초 반응들이 감정을 유도한다고 해서 '정서의 말초설(Peripheral Theory of Emotion)'이라고 하며, 연구들의 이름을 따서 '제임스 랑게 이론(James-Lange Theory)'이라고도 한다.

요즘은 그런 일을 찾아보기 힘들지만 옛날 졸업식에서는 송사나 답사를 하는 학생이 울먹이면 순식간에 식장이 울음바다가 되는 일이 많았다. 또 MT에서 한 친구가 술에 취해 울면 다른 학생들은 이 영문도 모르고 따라서 운다. 친구의 우는 모습을 보면 처음에는 슬픔보다 뭔가 찡한 느낌이 들지만, 눈물이 흘러나

오면서 미처 느끼지 못했던 슬픔이 치솟는 것이다. 자신의 눈에서 눈물이 흘러나오면 느닷없이 자신의 처지가 처량하게 느껴진다. 그리고 우는 친구와 상관없이 자신의 슬픈 과거를 머릿속에 떠올리고는 더욱더 슬퍼진다. 다 함께 부둥켜안고 울기 때문에 모두 같은 이유로 우는 것 같지만, 사실은 각자 자신의 처지를 생각하면서 우는 것이다.

눈물은 바깥으로 노출된 눈을 보호하는 윤활유 역할을 할 뿐 아니라 살균 작용도 한다. 눈물에는 세균을 죽이고 눈의 감염을 방지하는 라이소자임이라는 효소가 들어 있다. 눈물샘은 위쪽 눈꺼풀 밑에 숨겨져 있고, 그 액체는 2개의 작은 눈물관을 통해 빠져나간다. 2개의 관은 하나로 합쳐져서 코로 연결되고, 다 쓰인 눈물은 콧속으로 흘러내린다.

평소에는 아주 적은 양만 흘러내리기 때문에 눈물이 나오는지조차 의식할 수 없다. 그러나 격렬한 감정이나 물리적인 자극에 의해 울게 되면 눈물이 코로 연결된 관으로 다 빠져나가지 못하고 눈 밖으로 넘쳐 뺨으로 흘러내린다. 울 때 코를 훌쩍이게 되는 것은 너무 많은 눈물이 콧속으로 흘러들기 때문이다.

하지만 눈물이 눈을 보호하고, 노폐물을 걸러 내는 일차적인 기능 외에 다른 기능을 가지고 있지 않다면 인간의 눈물을 흘리는 행동은 진화되지 않았을 것이다.

고도로 복잡한 사회 구조 속에서는 미묘한 감정 표현을 효과적으로 전달할 수 있는 수단이 개발될 필요가 있다. 그리고 눈물 흘리기는 상대방에게 미묘하지만, 강한 시각적 신호로 작용하기 때문에 효과적인 감정 표현의 수단이 된다.

아이를 야단치는 부모는 소리 없이 흐르는 아이의 눈물을 볼 때 마음이 약해진다. 소리 없이 흐르는 눈물은 공격 의사가 없을 뿐 아니라 오히려 보호를 요청한다는 신호로 파악되기 때문에 보는 사람의 동정을 유발한다.

감정과 관계를 순환하는 눈물의 역할

"울면 안 돼. 울면 안 돼. 산타할아버지는 우는 아이에겐 선물을 안 주신대."

"외로워도 슬퍼도 나는 안 울어."

어렸을 때 많이 들어 본 캐럴과 만화 〈들장미 소녀 캔디〉의 노랫말이다. 이 노랫말처럼 사람들은 눈물을 흘리거나 우는 것을 부정적으로 생각하는 경향이 있다. 그래서 우는 것을 부끄럽거나 창피하게 생각한다. 하지만 가끔은 자신의 감정에 솔직하게 마음껏 울어도 괜찮다. 우는 것이 심리적인 측면뿐 아니라 신체적인 측면에서도 여러 가지 이점이 있기 때문이다. 우선 심리적인 측면의 이점부터 살펴보자.

첫째, 감정 정화 효과가 있다.

감정적으로 괴롭거나 힘들 때 실컷 울고 나면 막혔던 뭔가가 뻥 뚫린 것처럼 가슴이 후련해진다. 억압된 감정이 해소됐기 때문이다.

크래머라는 심리학자는 여자 대학생 48명에게 슬픈 영화를 보여 주고 우는 행위와 감정 해소 간의 관계를 확인했다. 48명 중 절반인 24명에게는 영화를 보면서 울고 싶으면 실컷 울게 했고, 나머지 24명에게는 울음을 참도록 지시했다. 그리고는 영화가 끝난 직후와 2시간이 지난 후의 우울 정도를 비교했다.

영화가 끝난 직후에는 울었던 학생들이 우울 점수 17.9점을 받았고, 울음을 참았던 학생들이 16.4점을 받았다. 그러나 2시간이 지난 후 다시 측정한 우울 점수에서는 울음을 참았던 학생들이 18.7점, 울었던 학생들이 17.3점을 받아 울음을 참았던 학생들이 더 우울한 것으로 나타났다.

그릇을 비워야 새로운 것을 담을 수 있듯이 마음속의 슬픔을 토해 내야 새로운 활력을 얻을 수 있다. 때로는 마냥 참기보다 실컷 우는 용기도 필요하다.

둘째, 스트레스를 해소해 준다.

울면 처음에는 심박 수가 상승하는 각성 효과가 나타난다. 하지만 울면서 스트레스를 받을 때 생성되는 카테콜아민이 눈물을 통해 몸 밖으로 배출되기 때문에 시간이 지나면 깊은 호흡을 유발하는 이완 효과가 나타난다. 그래서 울고 난 후 어느 정도 시간이 지나면 편안한 느낌이 드는 것이다.

셋째, 유대감을 형성한다.

눈물을 흘리는 것은 다른 사람들에게 자신이 힘들다는 것을 알리면서 공감과 지지를 이끌어 낼 수 있는 가장 확실한 수단이다. 그리고 곁에서 지켜보는 사람이 함께 눈물을 흘리면 친밀감과 유대감이 급격히 높아진다.

구시대의 신파 영화를 보면 경대 앞에 앉아 우는 여인의 모습이 자주 등장한다. 남이 우는 것만 봐도 눈물이 나오는데, 하물며 자신이 우는 모습을 보면 어찌 슬퍼지지 않겠는가. 거울 속 자신의 우는 모습을 보면 더 오래 그리고 더 슬프게 울 수 있다. 곡도 여럿이 해야 오래 할 수 있듯이 여럿이 울면 더 진하게 울 수 있다. 남이 우는 모습을 볼 수 없으면 거울 속에서 자신의 우는 모습이라도 봐야 더 실컷 울 수 있는 것이다.

물론 마냥 울고만 있는 것이 좋다는 것은 아니다. 습관적으로 우는 것은 오히려 우울증을 더 악화시킬 수 있다. 특정한 정서는 관련된 행동과 함께 기억에 저장되기 때문에 울다 보면 슬픔과 관련된 기억이 활성화돼 우울한 감정에서 벗어나기 어려워진다. 정서와 관련된 정보들은 그물망처럼 서로 연결돼 있어서 특정한 기억 정보가 자극받으면 관련된 기억들이 함께 떠오른다. 이를 심리학에서는 '점화 효과(Priming Effect)'라고 한다.

만약 실컷 울어도 기분 전환이 안 되고 우울감에서 벗어날 수 없다면 역시 거울을 사용해 우울증을 극복할 수 있다. 행동 치료 전문가들은 우울증 환자를 치료하기 위해 다음과 같은 방법을 사용한다. 바로 표정을 바꿈으로써 감정을 변화시키는 것이다. 일그러지고, 위축된 표정을 밝고 명랑한 모습으로 바꾸는 훈련을 해야 한다. 대뇌의 감정 중추는 표정을 관장하는 운동 중추와 가까이 있어 서로 밀접하게 영향을 주고받는다. 슬픔과 관련된 행동이 우울한 감정을 촉발시키듯, 밝은 표정은 행복한 감정을 활성화시킨다.

처음에는 밝고 화사한 모델 사진을 보며 같은 표정을 짓도록 훈련한다. 하루에 1시간 이상씩 표정 훈련을 하면 몇 주만 지나도 우울한 감정이 사라지기 시작한다. 표정을 관장하는 운동 중추의 영향을 받아 대뇌의 감정 중추의 활동이 달라지기 때문이다. 표정을 보면 그 사람의 감정 상태를 짐작할 수 있다. 긍정적으로 살기 위해서는 표정부터 밝아져야 하는 이유가 바로 여기에 있는 것이다.

KEY POINT

사람들은 성장하면서 눈물을 흘리거나 우는 것이 나쁘다고 배운다. 그래서 우는 것을 부끄럽거나 창피하다고 생각해서 울고 싶은 상황에서도 무조건 참으려고 한다. 하지만 가끔은 마음껏 울어도 괜찮다. 눈물을 흘리는 것이 감정 정화와 스트레스 해소 그리고 친밀감과 유대감 형성에 도움이 되기 때문이다. 물론 심리적인 측면뿐 아니라 신체적인 측면에서도 여러 가지 이점이 있다.

27

가장 기억에 남는 결말은 미완결이다

| **자이가르니크 효과** |

가장 오래 지속되는 사랑은 다시는 돌아오지 않는 사랑이다.

- 윌리엄 서머싯 몸

사랑에 실패한 사람의 괴로움은 당사자 이외에는 아무도 모른다. 그러나 사람들은 그것을 시간이 해결해 준다고 조언한다. 그리고 괴로워하던 사람도 시간이 흐르면 다른 사람에게 역시 똑같은 조언을 한다.

사람들이 연애할 때의 일들은 잘 기억하면서 결혼해서 사는 동안의 일상은 잘 기억하지 못하는 것은 이미 중요한 일을 성공적으로 끝마쳐 더는 아쉬움이 남지 않기 때문인지 모른다.

끝내지 못한 일이 더 오래 기억된다

망각의 원인에 대한 연구에 몰두하던 심리학자 자이가르니크는 어느 날 베를린의 가게에서 맥주를 마셨다. 그리고 며칠 후 그는 서브를 해 줬던 웨이터를 만나 그날 있었던 일들에 대해 물어봤다.

웨이터는 주문을 받고 계산을 끝내기 전까지의 일들은 아주 상세하게 기억하고 있었지만, 그 후에 일어났던 일들은 거의 기억하지 못했다. 계산을 끝냈다는 것은 볼일을 다 봤다는 뜻이기 때문에 그 이후의 일들은 기억할 필요가 없어진 것이다.

자이가르니크는 이 경험을 즉각 실험에 옮겨 확인해 보기로 했다. 32명의 피험자에게 수수께끼나 암산 문제 등을 풀게 했다. 그중 절반에게는 모든 문제를 풀 수 있는 충분한 시간을 줬고, 나머지에게는 문제를 풀 때 중도에 그만두게 하고 다음 문제를 제공하는 것을 반복했다.

몇 시간이 지난 후 피험자들에게 각자 풀었던 문제를 떠올려 보게 했다. 예상대로 문제를 다 풀었던 사람들은 중도에 방해받았던 사람들에 비해 더 많은 시간을 썼음에도 문제에 대한 회상률이 현저하게 낮았다. 이런 효과는 24시간이 지난 후에도 지속됐다.

그는 성인뿐 아니라 아동에게도 이런 현상이 나타나는지 살펴봤다. 완성 과제의 회상 정도를 100%로 잡았을 때 미완성 과제의 회상률이 성인의 경우는 190%, 아동의 경우는 210%나 됐다. 이는 문제를 풀 때 중도에 그만두게 하면 그렇지 않은 경우보다 거의 약 2배나 더 많이 기억하는 것이다.

이처럼 미완성 과제에 대한 기억이 완성 과제에 대한 기억보다 우수한 현상을 심리학에서는 연구자의 이름을 따서 '자이가르니크 효과(Zeigarnik Effect)'라고 한다.

지나간 것은
지나간 대로 둘 것

드라마는 으레 아쉬움과 궁금증을 유발하는 극적인 장면으로 끝맺는다. 그날 방송이 흐뭇하고 만족스럽게 끝나면 시청자들이 그 드라마를 잊을 뿐 아니라 다음 방영일을 기다리지도 않을 테니까 말이다.

끝내지 못한 일은 사람을 긴장시키고, 그 긴장이 해소돼야 편안해진다. 따라서 아쉬움과 궁금증이 크면 클수록 시청자는 다음 방송을 더 애타게 기다릴 수밖에 없는 것이다.

그래서 별 탈 없이 행복한 장면으로 끝나는 영화보다 〈러브스토리〉나 〈바람과 함께 사라지다〉처럼 안타까움이나 궁금증을 유도하고, 비극적으로 마지막을 장식하는 영화가 기억에 더욱더 감동적으로 남는다.

내가 상대를 걷어찬 사랑보다 걷어차인 사랑이 더 오랫동안 기억에 남는다. 상대가 별 볼 일 없는 사람이어서 스스로 그만뒀기 때문이다. 스스로 그만둔 사랑 역시 미완성이기는 하지만, 실패를 의미하지 않고 상처를 받은 것도 아니다. 따라서 더는 연연하고 긴장할 필요가 없다. 그래서 아쉬움도 남지 않으며 기억에서도 쉽게 사라진다.

사람들은 순조롭게 지낸 날보다 유별나게 섭섭한 일을 경험한 날을 더 오래 기억한다. 부부지간도 그렇다. 과거를 회상해 보면 별 문제없이 지냈을 때보다 상대방 때문에 불만스럽거나 화가 났을 때가 더 가슴에 맺힌다. 화를 제대로 풀지 못했거나 불만을 해소하지 못한 것 역시 긴장감이 수반되는 미완성 과제기 때문이다.

상담하다 보면 알 듯 말 듯한 문제 하나를 풀지 못하면 그 문제가 자꾸 신경 쓰여 시험을 망치는 학생들이 많다. 성인의 경우에는 실패한 사랑에 대한 미련 때문에 새로운 사랑을 포기하는 사람도 있다. 오래전에 저지른 잘못을 자책하느라 인생을 허비하는 사람도 있고, 소중한 물건을 잃어버리고 나서 아쉬워하는 데 너무 많은 에너지를 쓰는 사람도 있다.

못다 이룬 첫사랑이 더 소중하게 느껴지는 것은 그만큼 가치가 있기 때문이라기보다 단지 해결하지 못한 미완성 과제기 때문일 가능성이 높다. 실제로 첫사랑을 찾아 주는 한 TV 프로그램의 참가자들 중에서 애타게 그리던 사람을 만나고 난 후에 실망감을 감추지 못하며 '추억은 마음으로 만나야 아름답다'고 말한 사람이 많다고 한다.

10여 년 전에 누군가 했던 말을 지금도 떠올리며 화가 난다고 하는 사람들이 있다. 과거에 억울한 일을 당했다고 해서 두고두고 속상해 하기에는 우리의 인생은 너무 짧다. 그것이 어떤 일이건 지나간 일이 현재의 삶에 방해가 된다면 미련 없이 포기하고 머릿속에서 깨끗하게 지워야 한다. 그리고 지금 현재의 일에 충실해야 한다. 지나간 일을 붙들고 있으면 지금 할 수 있는 일을 하지 못하고, 앞으로 나아갈 수 없다.

당신이 이미 지나간 일을 곱씹느라고 시간과 에너지를 낭비하고 있는 일은 무엇인가? 그것을 통해 무엇을 얻고 무엇을 잃었는지 생각해 보라.

KEY POINT

자이가르니크 효과는 완성하지 못한 과제가 완결된 과제보다 마음속에 더 많이 떠오르고 더 오래 기억되는 현상을 말한다. 이는 시청자나 고객들의 눈길을 끌기 위해 드라마, 영화, 게임, 방송 등의 제작과 티저 광고에 광범위하게 활용된다. 하지만 자이가르니크 효과 때문에 시간과 에너지를 너무 낭비하고 있다면 효과의 원리를 되새기면서 다시 되돌릴 수 없는 지나간 과거에 연연하지 말아야 한다. 그리고 일을 할 때도 매사 미결 상태로 미루지 말고 그때그때 매듭을 짓는 습관을 들여야 한다.

28

MBTI에 과몰입하면 안 되는 이유

| 바넘 효과 |

점술은 수 세기 동안 사람들의 두려움과 욕망을

이용하기 위해 사용된 사이비 과학이다.

- 샘 하티스

동양에서는 출생한 해, 월, 일, 시를 통해 인생을 풀이하는 사주가 옛날부터 많은 사랑을 받아 왔다. 그리고 서양에서는 출생 시의 항성과 유성의 위치가 그 사람의 성격에 영향을 준다고 믿는 점성술이 인기가 있다. 그러나 사주든 점성술이든 이에 대한 과학적인 증거가 체계적으로 밝혀진 사례는 없다.

인공위성이 하늘을 날고, 초정밀 전자 제품들이 생산되는 과학이 지배하는 시대에도 점술가들은 여전히 성업 중이며 많은 사람에게 인기가 있다. 아무리 과학이 발달한다고 해도 인간이 자신의 운명을 정확하게 예측하는 것은 불가능하기 때문이다. 분명하게 예측할 수 없다고 생각할 때 사람들은 확실성을 제시해 줄 수 있는 방법을 찾는다. 사후 세계의 불확실성을 줄이기 위해 종교를 믿듯이 사람들은 앞날을 미리 알고 싶어 점술가를 찾는다.

공무원에 비해 사업가나 정치인이 점집을 즐겨 찾고, 농촌 사람보다 어촌 사람이 미신을 더 많이 믿는다. 왜 그럴까? 어부는 언제 폭풍이 닥칠지, 어디에서 고기가 많이 잡힐지를 가늠하기 어렵기 때문이다. 정치인 역시 직업의 불확실성과 예측 불가능성 때문에 점술가를 찾는다. 타인의 선택에 의해 결정되는 투표 결과에 매달려야 하며, 손에 잡히지 않는 여론에 정치 생명이 달려 있기 때문이다. 이처럼 점술가를 찾는 사람들은 자신의 앞날에 확신이 없는 사람들이라고 할 수 있다.

누구에게나 해당되는 말도 자신 있게 말하면 믿는 법

사람들은 새해가 되면 토정비결 책을 사 보거나 일간지를 뒤적이며 오늘의 운세란을 열심히 본다. 신문에 실린 오늘의 운세를 전적으로 믿지는 않지만, 적어도 상당 부분은 타당성이 있다며 받아들인다. 그렇다면 무엇이 사람들의 이런 미신적인 믿음을 강화시킬까? 점술가들이 누구에게나 해당될 수 있는 이야기를 자신 있게 제시해 주기 때문이다.

또한 사람들은 신문의 오늘의 운세란에서 자신이 태어난 띠에 대한 내용을 찾아 읽으면서 어느 정도는 맞다고 생각한다. 같은 해에 태어난 사람이 수없이 많다는 사실을 순간적으로 망각하기 때문이다. 심리학 연구 결과들은 사람들이 누구에게나 해당될 수 있는 일반적인 성격 특성을 보고도 마치 자신의 성격만 요약해 놓은 것으로 받아들이는 경향이 있음을 밝혀냈다.

한 실험에서 대학생들에게 성격 검사를 실시했다. 며칠 뒤 검사 결과를 알려 주고 그 내용이 자신을 얼마나 정확하게 묘사하는지 평가하게 했다.

예를 들어 "외향적이고 붙임성이 있지만 내면적으로는 소심한 구석이 있으며, 부모에 대한 애정이 있기는 하나 예민하게 부딪치는 경우가 간혹 있다"라는 동일한 검사 결과를 각기 다른 학생들에게 보여 준다고 해 보자. 자신이 모두와 동일한 결과지를 받았다는 사실을 모르는 학생들은 검사 결과가 자신을 잘 나타낸다고 평가한다. 많은 사람에게 해당될 수 있는 내용을 받았기 때문에 정확하다고 착각하는 것이다.

명랑해 보이는 사람에게도 "당신은 겉으로는 외향적으로 보이지만, 사실은 내성적인 성향이 강할 거야"라고 했을 때 이를 부정하는 경우는 거의 없다. 모든 사람은 혼자 있을 때 상당히 내성적이기 때문이다.

이처럼 자신에 대해서만 말해 주는 것이 아님에도 사람들은 자신에 대한 것으로 믿으려 한다. 이런 심리를 이용해 관객들의 마음을 사로잡았던 서커스 제작자가 있다. 그는 이런 식으로 속아 넘어가는 사람들을 가리켜 '매 순간마다 바보가 되는 사람'이라고 불렀다. 심리학에서는 이런 현상을 그 서커스 제작자의 이름을 따서 '바넘 효과(Barnum Effect)'라고 부른다.

MBTI가 그 사람의 전부라고 착각하지 마라

요즘에는 만나자마자 인사 후에 "MBTI가 뭐예요?"를 가장 먼저 물어볼 정도로 MBTI 검사가 유행이다. MBTI를 모르면 대화에 끼지 못할 정도다. 이처럼 사람들이 MBTI에 열광하는 데는 몇 가지 이유가 있다.

첫째, 심리 장애를 진단하지 않는다.

MBTI는 가벼운 우울증이나 심한 조현병을 앓는 사람이 검사를 받아도 "당신은 우울증이고, 당신은 조현병입니다"라고 진단을 내리지 않는다. 이 검사는 문제점보다 강점이나 보완하면 좋을 점을 똑같이 알려 준다. 어떤 사람이 검사를 받아도 문제점을 지적하지 않기 때문에 누구나 자신의 검사 결과에 만족할 수 있다.

둘째, 쉽고 빠르게 판단할 수 있다.

자신이든, 타인이든 사람을 제대로 이해하려면 많은 시간과 노력이 필요하다. 현대인은 급변하는 사회에서 뭐든 신속하게 파악하고 결정해야 한다고 생각한다. 그러니 검사 하나만으로, 단 몇십 분만 투자하면 자신뿐 아니라 타인까지도 어떤 사람인지 한 번에 알려 주는 MBTI에 매료되지 않을 수 없다.

셋째, 알파벳 4개로 명료하게 정리된다.

MBTI는 검사 이름뿐 아니라 검사 결과도 난수표 같은 4개의 알파벳으로 만들어져 매우 그럴듯하고 명료하게 느껴진다. I(내향)와 E(외향), N(직관)과 S(감각), F(감정)와 T(사고), P(인식)와 J(판단)를 조합해 총 16개의 성격 유형이 도출되기 때문에 매우 논리적이고 체계적인 것처럼 보인다. 그리고 전 세계 모든 사람이 16개 유형으로 분류돼 유명인들과의 연결 고리를 찾기가 쉽다. "나는 BTS RM과 MBTI가 똑같아" 하고 그와 동일시하면서 자존감을 높이고 싶은 욕구를 충족할 수 있다.

하지만 언제, 어디에나 과몰입하는 사람들이 있기 마련이다.

프로필에 자기의 MBTI 유형을 올리는 사람이 있는가 하면 심지어 주민 등록증에 MBTI 유형을 기재하면 좋겠다며 황당한 말을 하는 사람도 있다. MBTI에 과몰입하면 안 되는 세 가지 이유를 살펴보자.

첫째, 자기 보고형이고 바넘 효과에 취약하다.

당신이 검사 문항에 어떻게 행동한다고 답하면 MBTI 검사는 그것을 요약해서 당신을 하나의 유형으로 정리해 준다. 그러니까 MBTI 검사는 '당신은 원래 이런 사람'이라고 알려 주는 것이 아니라 당신의 답변 내용을 요약한 것뿐이다.

MBTI 검사 결과를 두고 족집게 같다고 하는 것은 마치 '당신은 산을 좋아합니까?', '당신은 가끔 바다에도 가 보고 싶습니까?'라는 두 가지 문항에 '네'라고 답하고 '당신은 산을 좋아하지만 가끔은 바다도 가고 싶어 한다'는 결과에 무릎을 치는 것과 같다. 안 맞는 것이 더 이상하지 않을까? 16개의 성격 유형 중 어떤 결과가 나오더라도, 모두에게 어느 정도는 해당되는 내용이라는 점에서 MBTI 검사에도 바넘 효과가 숨어 있음을 알 수 있다.

둘째, 검사 개발자들이 심리학 전공자가 아니다.

MBTI 검사에 심취해 입에 침이 마르도록 찬양하는 사람도 "MBTI가 무슨 뜻이에요?" 또는 "MBTI를 만든 사람은 어떤 사람이에요?"라고 물으면 말문을 닫는 경우가 많다. MBTI는 마이어스와 브릭스가 만들어 낸 성격 유형 지표(Myers-Briggs Type Indicator)라는 뜻이다. 브릭스는 소설가고 마이어스는 브릭스의 딸인데, 마찬가지로 추리 소설을 쓴 작가다. 결국 MBTI는 심리학 비전공자인 두 명의 소설가가 만든 셈이다. 심리 검사에 대한 체계적인 교육과 연구는커녕 심리학 전공자도 아니며, 심리 검사를 개발할 때 반드시 거쳐야 하는 표준화 과정도 거치지 않은 직관에 의해 만들어진 검사다.

셋째, 정말 칼 융의 분석 심리학을 기초로 만들어졌는지 명확하지 않다.

MBTI 검사를 소개할 때 반드시 따라붙는 사람이 있다. 바로 분석 심리학자 칼 융이다. 그런데 MBTI 제작자인 마이어스와 브릭스가 칼 융의 분석 심리학을 제대로 공부했다는 근거는 어디에도 없다. 칼 융이 정신과 의사로서 성격 유형론을 주장하긴 했지만, 체계적 심리 검사 제작법을 연구하지도 않았고 표준화 과정을 통해 심리 검사를 개발한 경험도 없다. 따라서 MBTI 검사를 소개할 때 칼 융의 이야기가 빠지지 않는 것은 분석 심리학의 창시자로 널리 알려진 칼 융의 후광 효과를 기대한 것일 가능성이 높다.

칼은 어떻게 쓰느냐에 따라 흉기가 되기도 하고 도구가 되기도 한다. 사주든 MBTI든 자신과 타인을 보다 잘 이해하고 배려하기 위한 도구로 사용하는 것이 좋다. 아무리 체계적으로 잘 만들어진 검사라도 검사 결과로 자신을 틀에 가두거나, 상대방을 쉽게 판단하는 흉기로 사용해서는 안 된다. 우리 모두는 잠깐의 검사 결과로 요약되고 판단돼서는 안 되는 무한한 가능성을 가진 지극히 소중한 존재다.

사람들은 불확실성, 해결책, 호기심 등 때문에 점술가를 찾는다. 그리고 MBTI는 누구에게나 해당될 수 있는 보편적인 이야기를 하면서 신빙성을 높인다. 점술가를 찾아가건 성격유형검사를 받건 그 이면에 숨어 있는 한계와 바넘 효과를 이해하며 자신의 운명을 스스로 선택하고, 그 책임은 자신에게 있다는 것을 받아들이면 보다 주도적인 삶을 살 수 있다.

29

내가 하면 로맨스 남이 하면 불륜

| 행위자 관찰자 편향 |

우리와 다르다고 생각한 사람들의 편견을 찾아내는 것은 쉽다.
하지만 우리 자신의 편견을 인식하는 것은 어렵다.

- 에밀리 프로닌

프로메테우스는 인간을 빚으면서 모든 사람의 목에 2개의 보따리를 매달아 놓았다. 앞에 매단 보따리에는 남들의 결점을 채워 넣고, 뒤에 매단 보따리에는 자신의 결점을 채워 넣었다. 그래서 사람들은 남의 결점은 잘 보지만 자기 결점은 잘 볼 수 없다고 한다.

내 배가 나온 것은 인격의 척도지만, 다른 사람의 배가 나온 것은 왠지 게을러 보인다. 전철에서 남이 조는 것은 한심하지만, 내가 조는 것은 피곤해서다. 내가 입고 다니는 찢어진 청바지는 개성이지만, 다른 사람이 입는 것은 주책이다. 내가 하는 연애는 로맨스지만, 남의 연애는 불륜이다. 이처럼 사람들은 똑같은 행동이라도 자기가 할 때와 다른 사람이 할 때를 완전히 다르게 해석한다. 그 이유는 타인에게 자신과는 다른 잣대를 적용하기 때문이다. 여기에는 몇 가지 심리학적 원인이 있다.

나의 행동은 바빠서고
남의 행동은 나빠서다

누군가 자꾸 지각을 한다. 그럼 그 사람은 원래 그렇다고 생각한다. 그런데 내가 자꾸 지각을 하면? 그때마다 그럴 수밖에 없는 이유가 있다.

나는 원래 그런 인간이 아닌데 운전을 하다 보면 별의별 사람들을 다 만난다. 예컨대 갑자기 어떤 차가 끼어들어 사고가 날 뻔했다고 치자. 그럼 그 순간 많은 사람이 '저런 미친놈' 등의 욕을 하거나 경적을 울리고, 심지어는 보복 운전을 하다가 끔찍한 사고를 내기도 한다. 그 상황에서 사람들은 왜 그렇게 화를 내고 욕을 할까? 갑자기 끼어들어 나를 놀라게 한 차의 가족 중 누군가가 응급실에 입원했다거나 화장실이 급하다든지, 비행기 시간을 놓칠 수도 있는 위급한 상황이라고 생각하지 않기 때문이다. 그런 상황에서 대부분은 본능적으로 운전자의 무례한 태도나 사이코 같은 성격, 거친 운전 습관이 그 원인이라 판단한다. 그래서 욕을 하거나 보복 운전을 하는 것이다.

그런데 자신이 운전을 하다가 끼어들어야 할 때는 어떨까? 그럴 때도 나의 무례한 태도나 사이코 같은 성격 혹은 거친 운전 습관이 원인이라고 판단할까? 아니다. 그럴 때는 실수로 차선을 놓쳐서, 화장실이 급해서, 중요한 고객과의 미팅에 늦을 것 같아서 등 끊임없이 외부 상황 요인에서 원인을 찾을 것이다.

어떤 일이 일어나면 우리는 본능적으로 그 원인을 찾는 경향이 있는데, 앞서 이를 '원인을 귀속시킨다'는 의미에서 '귀인'이라 부른다고 설명했다. 귀인은 크게 내적 귀인과 외적 귀인으로 나뉜다. 내적 귀인은 행동 결과를 만들어 낸 사람의 성격, 태도, 지능 등을 포함하며 외적 귀인은 교통 상황, 업무, 다른 사람 등 외부 환경 등을 포함한다. 모든 행동 결과는 내부 요인과 외부 요인의 상호 작용에 의해서 일어난다.

그런데 중요한 것은 다른 사람들의 행동 결과를 해석할 때는 대부분 내부 요인, 즉 개인적 요인을 과대평가하고 외부 요인, 즉 상황적 요인을 과소평가한다는 것이다. 앞서 제시한 운전 상황에서도 다른 사람이 끼어들 때는 외부 요인 때문일 가능성을 무시하고, 운전자의 운전 태도나 성향 같은 내부 요인에 귀인하기 때문에 문제가 생긴다. 이를 심리학에서는 '기본적 귀인 오류(Fundamental Attribution Error)'라고 한다.

특히 주목해야 할 점은 이 오류가 자신을 설명할 때보다 다른 사람을 설명할 때, 좋은 행동을 했을 때보다 나쁜 행동을 했을 때 더 두드러지게 나타난다는 것이다. 여기서 '기본적'이라는 용어를 쓰는 것은 이 오류가 누구에게나 보편적으로 일어날 수 있기 때문이다. '내로남불', '아시타비', '이중 잣대'는 같은 의미로 쓰이며 모두 기본적 귀인 오류에 기인한다.

미국의 고등학생 100만 명에게 각자의 리더십에 대해 평가하도록 한 결과, 전체 학생의 70%가 자신이 평균 이상의 지도력을 갖고 있다고 답했다. 모든 학생이 정확하게 자신의 위치를 평가했다면 50%만이 평균 이상이라고 답해야 하는데도 말이다.

사람들은 가능한 한 자신을 남보다 더 좋게 보려는 경향이 있다. 그래서 자신이 교통사고나 범죄의 피해자가 될 가능성을 낮게 평가하고, 자신에게는 남들보다 행복한 미래가 기다리고 있다고 생각한다. 그리고 우연 상황에서도 자신이 통제력을 행사할 수 있다고 생각한다. 이런 현상을 심리학에서는 '통제감의 착각(Illusion of Control)'이라고 한다.

한 연구자는 미식축구 결승전에서 판매하는 복권을 되팔게 해 통제감의 착각 현상을 밝혀냈다. 1달러짜리 복권을 다음의 두 가지 방식으로 판매했다. 한 가지 방식은 복권을 사는 사람이 스스로 번호를 고르는 것이었고, 다른 방식은 판매자가 마음대로 번호를 골라 나눠 주는 것이었다.

연구 결과, 사람들은 번호 배정 방식에 따라 당첨 가능성을 다르게 판단하는 것으로 밝혀졌다. 추첨 직전에 구매자들에게 가지고 있는 복권을 되팔라고 부탁하면서 얼마를 받고 싶은지를 물었다. 그랬더니 스스로 번호를 선택한 사람들은 평균 8.67달러, 판매자가 번호를 골라 줬던 복권은 평균 1.96달러를 요구했다. 우연에 의해 당첨되는 복권도 자기가 번호를 선택했을 때는 당첨될 가능성을 높게 판단한다는 증거다.

이와 같이 자신을 남보다 더 좋게 평가하거나 통제감에 대한 환상을 버리지 못하는 것은 그것이 인간의 자존심을 유지하는 데 필수적이기 때문이다. 그러나 모든 사람이 그런 것은 결코 아니다. 우울한 사람들은 행복하다고 느끼는 사람들에 비해 자신을 좋게 보는 성향이나 통제감의 착각 정도가 약하다.

사람은 누구나 자기 입장에서 생각하기 마련이다

사람들은 왜 똑같은 일을 겪을 때조차 다른 사람에게 자신과는 다른 기준을 적용할까? 행위자일 때와 관찰자일 때의 입장이 다르기 때문이다.

잠실에서 분당으로 들어오는 좌석 버스를 탔을 때의 일이다. 운전사가 어찌나 함부로 차를 모는지 나뿐 아니라 다른 승객들도 긴장하는 것처럼 보였다. 난폭한 운전에 불안한 기색이 역력하면서도 한마디라도 하면 행여 더 난폭하게 굴지도 몰라 아무도 뭐라고 하지 못했다. 그러다 보행 등의 초록불이 깜박일 때 한 아주머니가 길을 급하게 건너갔다. 초록불이 꺼지기도 전에 출발하려던 그 운전사는 급정거를 하면서 욕설을 해 댔다.

"죽으려고 환장을 했나. 뭐가 그리 급하다고…."

그러나 분당으로 오는 동안 운전사는 초록불이 켜질 때까지 기다린 적이 한 번도 없었다. 교통순경만 없으면 멈추라는 노란불이 빨리 가라는 신호인 양 내달렸으며 차나 보행자가 없을 때는 빨간불임에도 지나쳐 달렸다.

운전자 자신은 난폭 운전과 신호 위반을 배차 시간을 지켜야 한다거나 사고 날 가능성이 없기 때문이라고 외부 요인에 원인을 돌리지 자신이 준법정신이 없는 사람이기 때문이라고 보지 않는다. 그러나 신호가 깜박거릴 때 횡단보도를 건너 그를 놀라게 했던 보행자의 행동에 대해서는 급한 일이 있다거나 차가 멈춰 줄 것 같아서 길을 건넜다고 생각하지 않는다. 오히려 규칙을 지키지 않는 겁 없는 사람이라며 보행자의 성향에서 이유를 찾는다. 그렇기에 난폭하게 운전을 하는 자신의 행동에는 정당성을 부여하면서도 보행자는 비난할 수 있는 것이다. 똑같은 행동도 자신이 행위자일 때와 관찰자일 때 이유를 다르게 찾는 것을 심리학에서는 '행위자 관찰자 편향(Actor-Observer Bias)'이라고 한다.

운전대를 잡았을 때는 함부로 차를 몰던 사람도 보행자의 입장에서 난폭 운전자를 만난다면 운전자가 처한 상황을 고려하기보다는 운전자의 성향을 비난할 것이다. 운전할 때는 차도의 빨간불이 길게 느껴지고, 보행자일 때는 횡단보도의 빨간불이 긴 것 같다. 모두 자기의 입장에서 세상을 바라보기 때문이다. 내가 입은 옷과 똑같은 것을 입은 사람을 보면 불쾌하다. 내가 고른 옷을 상대방이 따라 입었다고 생각하기 때문이다. 그러나 상대방 역시 똑같은 이유로 나를 불쾌하게 생각할 수 있다는 것을 알아야 한다.

내로남불 현상은 가족 관계에서도 광범위하게 관찰된다. 매일 늦게 들어오는 나는 업무 때문이지만, 집안일에 소홀한 배우자는 원래 불성실하기 때문이다. 내가 자기 계발을 하지 않는 이유는 피곤해서지만, 아이가 공부하지 않는 것은 게으르기 때문이다.

상대방의 문제 행동을 성격이나 태도 및 재능과 같은 내부 요인으로 귀인을 하면 문제를 해결하기는커녕 관계만 나빠진다. 그러므로 자신과 가족의 성장을 도모하면서 화목한 가정을 이루고 싶다면 기본적 귀인 오류의 함정에서 벗어나야 한다. 자신의 문제는 내부에서, 가족들의 문제는 외부에서 찾으며 반성하고 공감하며 이해하는 연습을 더 많이 해야 한다.

'내로남불', '아시타비', '이중 잣대'는 누구에게나 보편적으로 일어나는 현상이다. 이는 비난이나 자책감을 방지하고 자존심을 유지하려는 일종의 자기 방어임을 받아들이고, 역지사지를 통해 자신을 평가할 때는 좀 더 엄격한 기준을, 다른 사람을 평가할 때는 좀 더 너그러운 기준을 적용한다면 보다 원만한 관계를 유지하면서 평화로운 삶을 살아갈 수 있다.

30

작게 시작해야 원하는 것을 얻는다

| 문간에 발 들여놓기 기법 |

어떤 사람이 한 번 당신에게 친절을 베풀면
그는 당신에게 또 다른 친절을 베푼다.

- 벤저민 프랭클린

딸: 우와! 킥보드가 엄청 많다!

아빠: 킥보드는 위험해서 안 된다고 아빠가 말했지?

딸: 사 달라고 안 할게. 그런데 아빠, 그냥 둘러만 보면 안 돼?

아빠: 그래 구경만 해.

딸: 우와, 이거 참 예쁘게 생겼다. 아빠도 와서 봐 봐.

아빠: 그래, 예쁘게 만들었네.

딸: 아빠, 여기서만 한번 타 보면 안 될까? 저 애들도 타 보는데 그냥 여기서만….

점원: 한번 타 보라고 하세요.

아빠: 여기서만이야.

딸: 네, 아빠. 그런데 이 킥보드 너무 좋다.

딸아이가 5살쯤이었다. 킥보드를 사 달라고 졸라서 거절했다. 내겐 너무 귀한 딸아이가 혹시라도 다칠까 싶었다. 그리고 며칠 후, 백화점에 같이 갔을 때 있었던 일이다. 킥보드 매장을 떠나면서 아쉬움이 남아 계속 뒤를 돌아보는 딸아이의 눈이 애처롭게 느껴져 결국 킥보드를 사 주고 말았다.

똑같은 물건을 팔아도 어떤 사람은 실적을 많이 올리고, 어떤 사람은 그렇지 못하다. 무엇 때문일까? 여러 가지 요인이 있겠지만, 가장 중요한 것은 설득 과정에서 요구를 해 나가는 방식의 차이다.

인간관계에서도 마찬가지다. 설득력이 있는 사람과 없는 사람이 있다. 처음부터 부담스러운 요구를 하면 거절당하기 마련이다. 그러나 평소에 작은 부탁을 하고, 그것에 대한 고마움을 표현했던 사람이 하는 요구는 다소 부담스러운 부탁이라도 해도 잘 들어준다. 평소의 부담 없는 작은 요구가 결국 큰 요구를 들어주게 만드는 것이다.

일단 들어와서 구경만 하세요

점원: 들어와 구경하세요.

손님: 그럴까요?

점원: 이 옷은 어때요? 입어 보시죠.

손님: 그러죠.

점원: 아주 잘 어울리는데요.

손님: 그래요? 계산해 주세요.

이런 시나리오는 옷가게 점원들이 쓰는 전형적인 판매 수법이다. 지금은 방문 판매가 많이 없어졌지만, 예전에는 많은 세일즈맨이 책이나 청소기 또는 자동차를 팔기 위해서 직접 고객의 집으로 방문했다. 이들은 사람들이 어떤 경우에 물건을 구매하는지 잘 알고 있다.

예를 들어 물건 판매가 목적임에도 사람들에게 단지 구경만 하라거나 어떤 상품에 대해 의견만 묻겠다는 식으로 들어주기 쉬운 요구를 한다. 일단 문을 열게 해야 현관에 발을 디딜 수 있는 것이다. 부담이 없는 작은 요구에 응했던 사람들은 그렇지 않은 사람들에 비해 물건을 구매할 가능성이 현저히 높다. 이렇듯 작은 요구에 응하게 해서 나중에 큰 요구를 들어주게 하는 것을 심리학에서는 '문간에 발 들여놓기 기법(Foot-in-the Door Technique)'이라고 한다.

지금은 낯선 사람의 방문을 경계하는 시대지만, 예전에는 값비싼 진공청소기를 팔려고 사전에 전화를 하거나 아는 사람을 통해 집안의 청소를 무료로 해 주겠다고 제안하기도 했다. 물론 이때 청소기가 있어서 구입할 필요가 없는 경우에도 환영한다는 이야기를 빼놓지 않았다.

어질러진 집을 그것도 두툼한 카펫까지 공짜로 청소를 해 준다고 하면 대부분의 주부는 혹할 수밖에 없다. 그리고 아마 청소를 끝낸 다음 청소기의 기능이며 효율성을 친절하게 설명할 때 듣지 않겠다고 거부하기는 힘들 것이다. 이미 그 세일즈맨의 발은 집 안으로 들어왔으니까. 그러다가 성능 좋은 청소기를 사고 싶은 마음이 생길 수도 있고, 하다못해 아는 사람에게라도 그 청소기 판매자를 소개해 줄 수도 있다.

문간에 발 들여놓기 기법에 관한 고전적 연구 중 하나는 프리드만과 프레이저의 연구다. 그들은 사람들이 정말로 작은 요구에 응한 다음에는 보다 부담스러운 요구를 해도 잘 들어주는지를 확인하기 위한 실험을 했다.

자신을 소비자 단체의 직원이라고 소개하는 남자 실험자가 가정주부들에게 전화를 걸게 했다. 첫 번째 전화를 걸었을 때는 집에서 사용하는 비누의 종류가 어떤 것인지와 같은 간단한 질문들을 하고 조사에 응해 줘서 고맙다는 말을 했다.

그리고 며칠이 지난 후 남자가 다시 전화를 걸어 보다 부담스러운 부탁을 하게 했다. 이번에는 대여섯 명의 직원이 집으로 찾아가 그 집에서 사용하는 생활용품들을 분류하고 기록할 수 있게 해 달라고 부탁했다. 아울러 이것을 하는 데는 약 2시간 정도가 소요될 것이라는 설명도 덧붙였다.

이런 부탁은 말할 것도 없이 매우 성가시고 부담스럽다. 그러나 처음의 전화에서 간단한 질문에 응했던 주부들 중 무려 52.8%가 두 번째의 부담스러운 부탁을 들어줬다. 반면에 처음부터 부담스러운 부탁을 받았던 주부들 중에는 단 22.2%만이 그 요구에 응했다.

문간에 발 들여놓기 기법은 음주 운전과 같은 사회적인 문제를 예방하는 데도 유용하게 활용할 수 있다. 심리학자 테일러와 부스 버터필드는 문간에 발 들여놓기 기법이 음주 운전을 방지하는 데 효과가 있다는 것을 실험으로 검증했다.

그들은 바에 출입하는 손님들 중 일부에게는 술을 마시기 전에 바텐더가 음주 운전 반대 청원서에 서명을 해 달라고 요청하게 했다. 그리고 그들에게 주 경찰서에서 발행한 음주 운전의 문제가 적힌 전단지를 나눠 줬다. 반면 나머지에게는 그렇게 하지 않았다.

그런 다음 술이 취한 후 집으로 귀가할 때 바텐더가 택시를 부를 것인지의 여부를 확인했다. 음주 운전 반대 청원서에 서명하고 전단지를 받은 실험 집단은 53%가 택시를 불렀지만, 그렇지 않은 통제 집단은 단 10%만이 택시를 불렀다. 전단지에 서명해 달라는 작은 요청을 들어준 다음에 음주 운전을 하지 않고 택시를 부르라는 큰 요청을 들어준 것이다.

사람들은 왜 먼저 작은 요청에 응하면 뒤따르는 큰 요청을 거절하기 힘들까? 가장 중요한 이유는 첫 번째 요청에는 응했는데 두 번째 요청을 거절하면 인지적인 부조화 상태에 빠지고, 그럴 때 사람들은 태도나 행동을 일치시켜 인지적 조화 상태를 유지하려고 하기 때문이다.

딱 오늘 하루만 해 보는 힘

문간에 발 들여놓기 기법은 다른 사람을 설득할 때뿐 아니라 자신을 설득할 때도 매우 유용하게 활용할 수 있다. 알코올 중독 치료를 받고 술을 마시지 않기로 결심한 단주 동맹의 행동

강령 1호는 '딱 오늘 하루만(Just for Today)'이다. 왜 '영원히 끊겠다'가 아니고 '딱 오늘 하루만'일까?

술을 좋아하는 사람들에게 평생 술을 입에 대지 않겠다고 각오하는 것은 끔찍한 일이다. 1년 동안 참겠다고 결심하는 것 또한 견딜 수 없는 일이다. 하지만 '딱 오늘 하루만'이라고 생각하면 그 일은 식은 죽 먹기가 된다. 하루씩 참다 보면 평생 참을 수 있기 때문이다.

변화를 원한다면 거창한 목표가 아니라 너무 작아서 실패하기가 더 어려운 작은 일부터 시도해야 한다. 인생을 바꾸고 싶다면 크게 생각하되, 작게 시작해야 한다. 작은 일을 하나씩 해내면 우리 머릿속에는 '~을 해냈으니 ~도 할 수 있다'는 자기 효능감이 자리를 잡는다. 그러다 보면 우리는 점점 더 큰일을 해낼 수 있다. 작게 나눌 수만 있다면 그 어떤 것도 어렵지 않다.

하지만 이렇게 유용한 문간에 발 들여놓기 기법을 악용하는 사람이 많다. 사람들을 교묘하게 속여 남의 돈을 갈취하는 사기꾼들이다. 그들은 처음에는 자신의 사업 내용을 들어 주기만 해달라고 부탁한다. 다음에는 예상 밖의 높은 이자를 제안하면서 소액의 돈을 그것도 잠시만 빌려 달라고 하거나 투자해 보라고 한다. 그리고 약속 시간 이전에 충분한 이자를 붙여 투자한 돈을 갚는다.

얼마간의 시간이 지나면 또다시 부담스럽지 않은 액수를 잠시만 빌려 달라고 부탁하고, 즉각적으로 선물을 하거나 한턱내면서 빌린 돈을 갚는다. 이런 일들을 몇 번 반복하고 나면 빌려주는 쪽에서 오히려 적극적으로 접근하게 된다. 그러다가 사기꾼은 결정적인 순간에 거액을 빌려 종적을 감춘다.

이처럼 작은 요구를 들어주고 난 다음에 반대급부로 받는 보상에 맛을 들이면 쉽게 발을 뺄 수가 없다. 사기 범죄 조직에 걸려든 사람들의 대부분이 바로 문간에 발 들여놓기 수법에 말려든 사람들이다. 상대를 알고 나를 알면 백 번 싸워도 위태롭지 않다는 말이 있듯이, 나쁜 사람들이 어떤 전략으로 사람들을 현혹하는지 그리고 자신이 어떤 유혹에 쉽게 흔들리는지를 알면 그들의 속임수에 당할 가능성이 그만큼 줄어든다.

KEY POINT

인간관계든 비즈니스 관계든 누군가를 설득하고 변화시키고 싶을 때 너무 부담스러운 요구부터 하면 상대방의 저항 강도가 세져 실패할 가능성이 높다. 그러므로 반드시 상대방이 부담을 느끼지 않는 작은 요구부터 시작해야 한다. 작은 것부터 시작하는 '문간에 발 들여놓기 기법'은 다른 사람을 설득할 때뿐 아니라 자신을 설득할 때도 매우 유용하게 활용할 수 있다. 변화를 원한다면 뭐든지 작게 시작해야 한다. 작은 성공들이 쌓이면서 자기 효능감이 형성되고, 자기 효능감이 있어야 큰 변화를 만들어 내기 때문이다.

31

50만 원을 원하면 500만 원을 요구하라

| 머리부터 들이밀기 기법 |

큰 요청부터 시작하면

더 작은 요청을 받아들일 가능성이 높아진다.

- 로버트 찰디니

"아빠, 제 친구들 중에 차를 갖고 다니는 애들도 있는데 저도 중고차 한 대 사 주시면 안 될까요?"

언젠가 대학생 아들이 조심스럽게 그리고 진지하게 물었다. 나는 일언지하에 거절했다. 위험하기도 하지만, 차를 갖고 다니면 쓸데없이 친구들과 어울려 돌아다니는 일도 많아져서 공부에 도움이 안 되니 사 줄 수 없다고 말했다. 그러면서 차는 나중에 네가 돈을 벌어서 사는 것이 좋겠다고 덧붙였다. 아이는 뭔가 말을 더 하려다 말고 알았다면서 묵묵히 내 말을 받아들였다. 아빠 말을 순순히 받아들이는 착한 아들을 볼 때마다 조금은 미안한 마음이 들었다.

그러던 어느 날, 아들이 연구실로 전화를 했다. "그냥 아빠 뭐 하시나 궁금해서 전화했어요"라며 이런 저런 얘기를 했다. 날이 더워지니까 숙소에서 학교까지 걸어가는 것도 힘들고, 학교 캠퍼스가 넓어서 강의실과 도서관을 오가는 데 이동 시간이 많이 걸린다고 투덜댔다. 그러면서 마침 친구가 학교에서 타고 다니던 스쿠터를 아주 싸게 내놨다면서 그것을 타고 다니면 시간이 많이 절약될 것 같다고 말했다. 나는 그 친구가 다른 사람에게 스쿠터를 팔기 전에 얼른 구입하라고 먼저 제안했다.

만약 아들이 처음부터 스쿠터를 사 달라고 했으면 사 줬을까? 아마도 캠퍼스가 시끄러워진다거나 사고가 나서 다칠 수도 있다는 등 이런저런 이유를 대면서 거절했을 것이다.

크게 거절당하면 작은 부탁은 쉽다

이처럼 무리한 부탁을 먼저 해서 나중에 제시하는 작은 요구를 들어주게 하는 방법을 심리학에서는 '머리부터 들이밀기 기법(Door in the Face Technique)'이라고 한다. 그나저나 심리학을 전공하지도 않은 아들은 이 기법을 알고 말한 것인지, 아니면 어쩌다 그렇게 된 것인지 아직도 궁금하다.

우리나라에서는 'Door in the face technique'을 작은 부탁을 한 후 큰 부탁을 하는 '문간에 발 들여놓기 기법'과 대비하기 위해 '머리부터 들이밀기 기법'이라고 번역을 많이 한다. 하지만 원래 이 말은 'Slam the door in somebody's face', 즉 누군가 들어올 때 문을 쾅 닫거나 누군가의 요청을 거칠게 거부한다는 의미기 때문에 엄밀히 따지면 '문전박대 기법' 또는 '거절 후 양보 기법'이 더 정확한 번역이라고 볼 수 있다.

다른 사람에게 부담스러운 요청을 먼저 해서 거절당한 후 부담이 적은 요청을 해서 원하는 것을 얻어 내는 이 기법은 다른 사람뿐 아니라 자신을 효과적으로 설득하는 데에도 매우 효과적인 방법이다.

친구 A: 갑자기 필요해서 그런데, 500만 원만 빌려줄 수 있어?

친구 B: 어쩌지 빌려줄 돈이 없는데. 미안해.

친구 A: 괜찮아. 다른 데서 알아볼게.

며칠 후

친구 A: 다른 데서 450만 원은 구했는데, 50만 원만 좀 어떻게 안 될까?

이때 친구 B는 어떻게 반응할까? 의외로 많은 사람이 돈을 빌려준다. 처음에 500만 원을 빌려 달라고 했다가 나중에 50만 원만 빌려 달라고 하면 처음부터 50만 원을 빌려 달라고 했을 때보다 빌려줄 가능성이 높기 때문이다. 심리학자들은 이런 머리부터 들이밀기 기법이 얼마나 놀라운 효과를 발휘하는지를 검증했다.

우리나라에서도 잘 알려진 책 《설득의 심리학》의 저자인 로버트 찰디니는 이 분야 연구의 대가다. 그는 '머리부터 들이밀기 기법'의 효과를 검증하기 위해 아주 고전적인 실험을 했다.

이 실험에서 연구자들은 참가자를 세 그룹으로 나눴다. 연구자들은 첫 번째 그룹의 참가자에게 2년 동안 매주 2시간씩 비행 청소년을 상담하는 자원봉사를 부탁했다. 부담스러운 요청에 참가자들이 거절하자 새로운 제안을 했다. 비행 청소년들과 딱 하루만 동물원 투어를 함께 해 줄 수 있냐고 제안한 것이다.

두 번째 그룹에서는 부담이 큰 첫 번째 요청을 하지 않고, 바로 비행 청소년들과 딱 하루만 동물원 투어를 함께 해 줄 수 있냐는 제안을 했다. 실험 결과, 첫 번째 그룹의 참가자의 50%가

동물원 투어 요청에 동의한 반면, 두 번째 그룹의 참가자는 17% 만이 동물원 투어 요청에 동의했다.

상대가 지갑을 열어 돈을 빌려주는 심리적인 이유 세 가지

이 설득 기법은 각종 회원권 판매에도 널리 활용되고 있다. 당신이 운동을 하고 싶어 헬스장을 방문했다고 해 보자. 그럼 헬스장 직원은 헬스장 이곳저곳을 구경시켜 준 후에 여러 가지 옵션 목록을 보여 줄 것이다. 이를테면 스파 서비스와 PT가 포함된 패키지는 월 40만 원, PT만 포함된 패키지는 월 30만 원 등 무엇이든 확실히 예상보다 비싼 가격이다. 그래서 당신은 그냥 헬스장에서 운동만 하고 싶다고 말할 것이다. 그제서야 직원은 한 달에 10만 원이면 헬스장의 모든 도구를 24시간 이용할 수 있다고 알려 준다. 왜냐하면 처음부터 헬스장 한 달 이용료가 10만 원이라고 알려 줄 때보다 이렇게 할 때 훨씬 더 많은 사람이 실제로 등록을 하기 때문이다.

백화점이나 마트에 가 보면 365일 세일을 하고 있다. 고가의 제품들을 반값에 판다고 생각해 보자. 소비자들은 아마도 반값 정도는 벌었다고 생각할 것이다. 사실 세일 가격 자체가 비싼 것인데도, 사람들은 평소의 가격과 비교해서 차액만큼을 벌었다고 생각한다. 이런 고객들의 심리를 이용해 매상을 올리려고 바겐세일 광고에서는 "세일 기간 이후에는 정상 가격으로 환원됩니다"라는 문구를 삽입한다. 그래서 정가가 비싼 상품일수록 세일 기간에 많이 팔리는 것이다.

마트에서 사람들이 많이 기웃거리는 코너들이 있다. 바로 1+1 이벤트나 묶음 판매를 하는 곳이다. '견과류 한 봉지에 1만 원, 두 봉지에 1만 6,000원' 또는 '오렌지 1개에 1,000원, 10개에 7,000원' 같은 문구를 보면 견과류나 오렌지를 살 생각이 전혀 없었는데도 집어 들게 된다. 문구에 머리부터 들이밀기 기법이 숨어 있기 때문이다. '오렌지 1개에 1,000원'이라는 부담이 큰 요구 다음에 '오렌지 10개에 7,000원'이라는 상대적으로 부담이 확 줄어든 작은 요청이 따라오기 때문이다.

그렇다면 이런 머리부터 들이밀기 기법이 효과적으로 작용하는 이유가 무엇일까? 세 가지의 심리학적인 이유가 있다.

○ 상호성의 원리

사람들은 어떤 사람이 자신에게 큰 요청을 했다가 거절당한 후 작은 요청을 하면 그것을 일종의 양보라고 생각한다. 그리고 상대방이 양보를 했으니까 자기도 양보를 해야 한다고 생각한다. 그래서 별로 내키지 않아도 작은 요청을 수락하는 것이다.

○ 대비 효과

모래주머니를 차고 달리다가 그것을 풀고 달리면 몸이 훨씬 가볍게 느껴진다. 이처럼 큰 요구를 먼저 하고 난 뒤에 작은 요구를 하면 그 요구가 상대적으로 훨씬 더 가볍게 느껴지는데, 이를 '대비 효과'라고 한다. 처음에 무리한 부탁을 받고 난 다음, 부담이 적은 요청을 받으면 상대적으로 훨씬 더 가볍게 느껴져서 쉽게 수락하게 된다.

○ 심리적 불편감의 감소

누가 어떤 부탁을 했건 사람들은 부탁을 거절한 후에는 어느 정도 죄책감을 느낀다. 이런 심리적 불편감을 해소하기 위해 나중에 제안하는 작은 부탁을 들어주는 것이다.

KEY POINT

부모에게 용돈을 타 낼 때, 누군가를 가르칠 때 지혜롭지 못한 사람들은 아무 생각 없이 자기 생각만 끈질기게 강요한다. 그러다가 원하는 것을 얻지도 못하고 사이만 나빠진다. 하지만 지혜로운 사람들은 다르다. 부담스러운 요구를 먼저 한 다음에 부담이 적은 요청을 하는 '머리부터 들이밀기 기법'은 사람들을 설득하기 위해 그리고 부당하게 설득당하지 않기 위해 알아 둬야 할 중요한 설득 기법 중 하나다.

32

보고 배우는 버릇, 보고도 배우지 않는 버릇

| **모델링** |

아이들은 어른들의 말을 새겨듣는 법이 없지만,

어른들의 행동을 모방하는 데는 선수다.

- 제임스 발드윈

'부모는 아이들의 거울이다'라는 말이 있다. 이처럼 아이들이 부모들의 행동을 그대로 따라 배우는 것을 심리학에서는 '모델링(Modelling)' 또는 '관찰 학습(Observational Learing)'이라고 한다.

심리학자 알버트 반두라는 인간 행동이 관찰을 통해 학습된다는 이론을 최초로 검증하는 실험을 했다. 일명 '보보인형의 실험'이라고 불리는 이 실험의 요지는 이렇다.

그는 아동들을 세 집단으로 나눴다. 첫 번째 집단은 보보 인형에게 공격적인 행동을 하는 성인을 보면서 놀게 했다. 두 번째 그룹은 인형에게 어떤 공격적인 행동도 하지 않는 성인을 보며 놀게 했다. 세 번째 집단은 성인 모델이 없이 아동 혼자서 놀게 했다. 단, 10분이 지난 후 아이들을 다른 방에서 놀게 했다.

그 결과, 공격적인 모델을 관찰한 첫 번째 집단의 아이들이 인형에게 훨씬 더 공격적인 행동을 보였다. 성인의 행동을 그대로 모방한 것이다. 성인 모델을 관찰한 시간은 단 10분에 불과했는데 말이다. 그런데 십수 년 동안 부모의 폭력 행동을 보면서 자란 아이들은 어떻게 되겠는가?

자녀가 하는 행동을 보면 그 부모를 알 수 있다. 부모 자녀 관계에서 신기한 것 중 하나는 대물림 현상이다. 대물림에는 좋은 대물림도 있지만 나쁜 대물림도 있다. 자녀가 부모의 좋은 점만 본받으면 좋겠지만, 자녀는 나쁜 점을 더 많이 닮는다. 왜 그럴까? 대개 좋은 점은 즉각적인 욕구 충족과는 거리가 멀고 많은 노력이 필요한 반면, 나쁜 점은 즉각적인 욕구 충족이 가능하고 별로 노력하지 않아도 쉽게 따라 할 수 있기 때문이다.

부모 자녀 간의 대물림 중 가장 대표적인 것이 가정 폭력과 아동 학대일 것이다. 어린 시절부터 오랫동안 부모에게 체벌을 받고 자라거나 아버지가 어머니에게 폭력을 휘두르는 모습을 보고 자란 아이는 나중에 배우자나 자녀에게 자연스럽게 폭력을 휘두르고 매를 든다. 허구한 날 그런 모습을 보고 자랐기 때문이다. 더 큰 문제는 자신도 그런 환경에서 자랐다는 생각 때문에 폭력을 휘두르면서도 죄책감을 느끼지 못한다. 그래서 가정 폭력 사건이 끊기지 않는 것이다.

나는 엄마처럼, 아빠처럼 살지 않으려고 했지만

상담하다 보면 재미있는 현상 한 가지를 만난다. '싫어하면서 닮는다'는 말이 있듯이 우리는 어떤 사람을 싫어하면서도 그 사람을 닮아 간다. 심리학에서는 이걸 '적대적 동일시(Hostile Identification)'라고 한다.

틈만 나면 지적하고 잔소리해 대는 엄마를 보면서 '나는 절대로 저렇게 살지 않겠다'고 다짐하지만, 결혼해서 아이를 키우다 보면 어느새 엄마가 했던 대로 아이들에게 잔소리하는 자신의 모습을 발견한다. 술 먹고 행패를 부리는 아버지의 모습을 보면서 '나는 어른이 되면 절대로 아버지처럼 살지 않겠다'고 다짐하지만, 어느 날 술에 만취해서 아버지처럼 행동하는 모습을 보고

깜짝 놀란다.

'엄한 시어머니 밑의 며느리가 엄한 시어머니 된다'는 말이 있다. 그토록 싫어했던 시어머니의 전철을 며느리가 따라 밟는다는 것을 의미한다. 왜 그렇게 싫어하던 시어머니의 행동을 그대로 답습하는 것일까? 여기에는 몇 가지 심리적인 이유가 있다.

첫째, 보고 배운 것이 그것밖에 없기 때문이다.

시어머니에게서 며느리를 지혜롭게 대하는 방법을 배울 수 없었기 때문에 당할 때는 싫지만, 갈등 상황에 빠지면 과거에 시어머니가 자신을 대했던 방법 그대로 답습한다.

둘째, 나만 당하는 것은 억울하다고 생각하기 때문이다.

자신이 젊은 시절 시어머니한테 구박을 받고 살았으니까 며느리만 편하게 둘 수 없다고 생각한다. 그래서 구박을 하면서도 이 정도는 내가 당한 것에 비하면 아무것도 아니라고 생각한다.

셋째, 화풀이 대상으로 여기기 때문이다.

옛말에 "시어머니가 미우면 강아지 배 찬다"라는 말이 있다. 자신을 괴롭힌 대상에게 직접적으로 분풀이할 수 없으니 자기보다 약한 대상에게 화풀이한다는 뜻이다. 이를 심리학에서는 '전위된 공격(Displaced Aggeression)'이라고 한다.

처벌에 의해서 행동을 바꾼 사람은 자신도 그와 유사한 상황에 처하면 타인의 행동을 통제하기 위해 자기를 처벌했던 사람의 행동을 모방한다. 그래서 아이들은 싫어하면서도 부모를 닮고, 맞고 자란 아이들은 부모가 됐을 때 아이를 매로 다스리는 것이다.

자녀에게 폭력을 행사하고 학대하는 부모의 특성을 연구한 결과, 아동 학대의 원인으로 한결같이 자신의 학대받은 과거력을 거론했다. 부모 자신이 어렸을 때 학대받은 경험이 아동 학대의 가장 중요한 요소 중 하나로 작용한다는 것은 폭력이 대를 이어 다른 세대로 전수될 수 있다는 이야기다.

대댄버그라는 심리학자는 선천적으로 싸우기를 좋아하는 공격적인 새끼 생쥐들을 각각 투쟁 경향성이 적은 보통의 쥐들과 공격적인 생쥐들이 양육하게 했다. 실험 결과, 보통의 쥐들이 기른 새끼 생쥐들은 생쥐보다 보통의 쥐들 곁에 있기를 좋아했으며, 다른 쥐들과 싸우려고 하지 않았다. 그러나 공격적인 생쥐들에 의해 길러진 새끼 생쥐들은 다른 쥐들과 자주 싸우는 모습을 보였다. 새끼 생쥐들은 유전적 특성이 같더라도 어떤 어미와 같이 있었느냐에 따라 대조적인 행동을 보였다. 이런 연구 결과는 인간뿐 아니라 동물들도 그들이 자라 온 환경의 영향을 받는다는 증거다.

종종 부모가 부부 싸움이나 직장에서의 분노감과 좌절감을 아이에게 해소하는 경우가 있다. 그렇게 부모의 화풀이 대상으로 자란 아이들이 부모가 되면 그 역시 자녀를 화풀이 대상으로 삼기 때문에 대대로 악순환이 이어진다.

대물림은 필연이 아니라 선택이다

여전히 알코올 중독 환자 수는 줄어들지 않고 있다. 술은 만병의 근원이라는 말이 있듯이 60가지 이상의 질병이 술과 직간접적으로 연관돼 있다. 알코올은 개인의 건강에 심각한 문제를 일으킬 뿐 아니라 음주 운전부터, 가정 폭력, 성폭행, 살인, 자살 등 사회적으로도 헤아릴 수 없이 다양한 문제들을 야기하고 있다.

더욱더 심각한 문제는 부모의 알코올 중독이 자녀에게도 대물림된다는 것이다. 실제로 부모 중 한 명이라도 알코올 중독이면 자녀가 알코올 중독에 빠질 가능성이 70~90%에 이른다. 부모가 술을 많이 마시면 그 모습을 보고 자란 자녀는 술 마시는 부모가 지긋지긋하게 싫으면서도 모델링을 통해 음주를 자연스럽게 받아들이고, 부모처럼 알코올 중독이 될 가능성이 커진다. 물론 알코올 중독인 부모 밑에서 자랐다고 모두 알코올 중독자가 되는 것은 아니다.

오래전에 알코올 중독 환자를 상담한 적이 있다. 어느 날 그의 큰아들이 면회를 왔는데, 한눈에 그 역시 알코올 중독임을 알아볼 수 있었다. 그래서 혹시 술을 마시냐고 물어봤다. 그랬더니 그는 이렇게 말했다.

"허구한 날 아버지가 술 마시고 주정 부리는 것만 보고 자랐는데 어떻게 제가 술을 안 마실 수 있겠습니까? 제 인생이 이렇게 망가진 것은 모두 아버지 때문입니다."

얼마 후 둘째 아들을 만났다. 그는 얼굴 표정이나 자세, 말투 등 한 눈에 봐도 형과 완전 딴판이었다. 규모는 작지만 자기 사업을 탄탄하게 꾸려 가고 있었다. 그에게도 술을 마시는지 물었다. 그러자 그는 이렇게 되물었다.

"저런 아버지 밑에서 자랐는데 제가 어떻게 술을 마실 수 있겠습니까? 제가 술을 입에도 안 대고, 이만큼 살 수 있는 것은 순전히 아버지 덕분입니다."

같은 아버지 밑에서 자랐는데 두 형제가 어쩌면 이렇게 다를 수 있을까? 놀랍게도 두 형제 모두 "저런 아버지를 보고 자랐는데…"라고 말했다. 그들이 그토록 다른 모습을 보여 준 것은 그들이 처한 환경 때문이 아니라 그 환경에 부여하는 의미가 달랐기 때문이다. 형은 아버지가 알코올 중독자였다는 사실을 자신의 문제에 대한 책임을 회피하고 변명하는 구실로 삼았다. 하지만 똑같은 환경에서 동생은 그것을 알코올 중독에 빠지지 않는 계기로 삼았다.

대물림은 참으로 놀랍고 무서운 모델링 과정이다. 하지만 부모의 행동이 아무리 나빠도 생각의 각도를 조금만 바꾸면 얼마든지 대물림의 함정에서 벗어날 수 있다.

첫째, 대물림의 위험성을 인지한다.

우리는 부모의 행동을 보고 자라기 때문에 어쩔 수 없이 부모의 나쁜 행동과 습관을 무의식적으로 따라 하게 된다. 문제를 해결하는 첫 단계는 문제를 인식하는 것이고, 나쁜 행동의 대물림을 방지할 수 있는 첫 단계는 대물림의 위험성을 인식하는 것이다.

둘째, 바람직한 태도와 행동을 보이는 모델을 찾아 모방한다.

바이러스에서부터 인간에 이르기까지 모든 생물체는 자극의 영향을 받는다. 그중 사람에게 가장 막강한 영향을 끼치는 것은 사람 자극이기 때문에 행동과 습관을 바꾸고 싶다면 사람 자극을 바꿔야 한다.

셋째, 나쁜 습관을 대체할 좋은 습관 레퍼토리를 늘린다.

습관은 제거되지 않는다. 대체될 뿐이다. 따라 하지 않으려고 해도 나쁜 습관을 따라 하는 것은 그것을 대체할 수 있는 좋은 습관이 없기 때문이다. 나쁜 습관을 없애는 가장 좋은 방법은 좋은 습관을 길러 나쁜 습관을 대체하는 것이다.

KEY POINT

'아이는 부모의 거울'이라는 말이 있듯이 자녀는 부모의 행동에 많은 영향을 받는다. 부모의 입장에서는 자신의 행동이 얼마나 막강한 영향을 미치는지 알아야 하고, 자녀의 입장에서는 부모의 좋은 습관은 따라 배우고 나쁜 습관은 대물림받지 않도록 노력해야 한다. 그러려면 나쁜 습관이 대물림되는 심리학적인 이유와 대물림의 함정에서 벗어날 수 있는 방법들을 알아야 한다.

33

'요즘 애들'은 계속 버릇이 없었다

| 허구적 일치성·독특성 효과 |

인간은 합리적인 존재가 아니라

합리화하는 존재다.

- 레온 페스팅거

'어렸을 때 남의 물건에 손 안 댄 사람 있어? 어렸을 때 다들 남의 물건에 손 대잖아. 하지만 나는 그냥 재미로 몇 번 해 봤을 뿐이야.'

남들 물건에 손 대는 사람은 남들도 다 그럴 거라고 합리화한다. 그러면서 자기가 남의 물건에 손 대는 이유는 다른 사람들과 다르다고 생각한다.

“흉악범들을 만나면 자신을 악인이라고 생각하는 사람들은 거의 없다. 대부분 그럴듯한 구실을 대거나 억지 논리를 내세우면서 다른 사람들도 같은 처지라면 자기처럼 할 수밖에 없었을 것이라고 정당화한다.”

흉악범들만 수감하는 뉴욕의 싱싱교도소 소장, 루이스 로즈의 말이다.

“나는 내 생애의 황금기를 전부 사회를 위해 봉사했다. 그런데 내가 얻은 것은 차가운 세상의 시선과 비난 그리고 범죄자라는 낙인뿐이다.”

누가 한 말일까? 다름 아닌 알 카포네가 교도소에서 한 말이다. 잔인하기로는 타의 추종을 불허했던 미국에서 제일 악명 높은 갱단 두목조차도 자신은 특별하다고 생각한다.

사람들은 자기에게 불리한 상황에서는 모두 자신처럼 생각하고 행동할 것이라고 합리화한다. 하지만 똑같은 상황이라면 남들과 달리 자기만큼은 뭔가 특별하다고 생각한다. 세상에 인간만큼 교묘하게 자신을 기만할 수 있는 존재는 없다. 이런 자기기만은 두 가지 착각 현상에 의해 일어난다. 첫째는 ‘허구적 일치성 효과(False Consensus Effect)'고, 둘째는 '허구적 독특성 효과(False Uniqueness)'다.

다른 사람들도 내 생각과 같아야만 하는 이유

객관적인 확인 절차 없이 남들도 자신과 똑같이 생각하고, 행동할 것이라고 믿는 착각을 심리학에서는 '허구적 일치성 효과'라고 한다.

허구적 일치성 효과를 확인하기 위한 한 연구에서는 대학생들에게 햄버거 광고판을 메고 30분 동안 캠퍼스를 돌아다녀 달라고 부탁했다. 그리고 다른 사람들에게 똑같은 부탁을 하면 얼마나 많은 사람이 부탁을 들어줄 것 같은지 물었다. 연구자의 부탁을 들어준 학생의 60%가 다른 사람들도 자기처럼 연구자의 부탁을 들어줄 것이라고 생각했다. 이와 함께 연구자의 부탁을 거절한 학생의 70%가 다른 학생들도 연구자의 부탁을 거절할 것이라고 생각했다.

남들도 자신과 같을 것이라는 허구적 일치성 효과는 판단 과정에서 여러 가지 오류를 범하게 만든다. 예를 들면 바람기 있는 사람은 친구가 업무상 여자를 만나는 장면을 목격하면 그 친구가 외도를 한다고 추측한다. 다른 사람이 여자를 만나면 자기처럼 외도를 하기 위해 여자를 만난다고 추측하기 때문이다.

또 체벌로 자녀를 훈육하는 아버지는 다른 아버지도 자기처럼 훈육할 것이라고 착각해 체벌 행위를 정당화하기 때문에 여러 가지 문제가 생길 수 있다.

그렇다면 이런 허구적 일치성 효과가 일어나는 이유는 무엇일까? 다음과 같은 몇 가지 효과를 가져다주기 때문이다.

첫째, 자신의 생각이나 행위에 정당성을 부여한다.

둘째, 자신의 생각이나 행위로 인해 생기는 자책감과 불안감을 줄인다.

셋째, 자기주장의 설득력을 높이고 자존감을 보호한다.

그렇다면 이로 인해 발생할 수 있는 문제나 부작용은 어떤 것이 있을까?

첫째, 다른 사람들도 다 그럴 것이라고 생각하면서 자신의 문제를 인정하지 않는다.

둘째, 자신과 생각이 다른 사람을 이상한 사람이나 비정상적인 사람으로 취급한다.

셋째, 자기 문제를 인식하지 못해 자기중심적인 태도에서 벗어날 수 없다.

길을 막고 물어봐
다들 그렇게 생각해

사람들은 희한하게도 못된 점이나 한계점은 남들에게도 있다고 생각하면서 특별한 점은 자기에게만 있다고 생각한다. 남이 공부를 못하는 것은 멍청해서고, 내가 공부를 못하는 것은 공부에 초연하기 때문이다. 똑같이 공부를 못하더라도 내가 못하는 이유는 남들과 다른 데서 찾고 싶은 것이 사람의 마음이다.

자신이 가진 재능이나 특별한 점은 남들에게는 없을 것이라고 추정함으로써 자존감을 유지하고 싶기 때문이다. 그래서 젊은 사람들은 자신이 술 마시고 악써 대는 것은 낭만이고, 어른들이 술 마시고 떠드는 것은 주책이라고 비난한다. 자신이 하는 모난 짓은 개성으로 보고, 남들의 유별난 행동은 별나다고 보는 것 역시 편파적인 추론에 기인한다.

로버트 서튼 교수의 연구에 따르면 운전자의 90%는 자신의 운전 실력이 평균 이상이라고 생각한다. 교수 중 94%는 자신이 다른 교수보다 유머 감각이 뛰어나다고 생각한다. 그리고 고등학생의 70%는 자신의 리더십이 평균 이상이라고 생각한다. 사람들은 실제로는 열 가지의 일만 했으면서도 15가지의 일을 했다고 생각한다. 이런 자료들은 많은 사람이 자신을 과대평가하고 있다는 증거다.

이렇게 자신은 다른 사람보다 좋은 점을 더 많이 가졌고, 남들과는 뭔가 다른 독특한 생각이나 개성을 가졌다고 보는 것을 심리학에서는 '허구적 독특성 효과'라고 한다.

허구적 독특성 효과는 세대 차에서도 관찰된다. 이집트의 피라미드에도 "요즘 젊은 것들은 버릇이 없다"라는 말이 써 있다고 하지 않는가? "우리 때는 그러지 않았다"라는 말은 기성세대가 신세대에게, 선배가 후배에게, 부모가 자녀에게 가장 흔하게 쓰는 말 중 하나다.

과거에는 기성세대도 그들의 선배, 부모, 스승에게 버릇없이 굴었겠지만, 그런 것들은 기억에서 지워지고 긍정적인 점들만 머릿속에 남는다. 기성세대의 눈에는 신세대의 못된 점들이 눈에 더 잘 띄기 때문에 세월이 아무리 많이 흘러도 "요즘 애들은 버릇이 없어"라는 말이 사라지지 않는 것이다.

언젠가 결혼 생활에 문제가 있어 이혼하기로 작정한 여성을 상담한 적이 있다. 이 여성이 주장하는 바는 대강 이랬다. 세상 사람에게 자기가 어떻게 살아왔는지 말한다면 모든 사람이 그동안 이런 인간하고 어떻게 살아왔냐고 물을 것이라고 했다. 그리고 자기니까 그 남자의 비위를 맞추면서 5년이나 버텼지 다른 여자 같았으면 하루도 못 살았을 것이라고 말했다.

나는 몇 번의 상담 후, 남편을 만나 보면 좋겠다고 제안했다.

상담실을 찾아온 남편의 주장도 똑같았다. 길을 막고 사람들에게 물어보면 모두 그동안 어떻게 이런 여자하고 살았냐고 의아해 할 것이라고 말했다. 그리고 그동안 자기니까 이렇게 참고 살았지 다른 남자 같으면 1년도 못 넘기고 헤어졌을 것이라고 했다.

부부 싸움이 쉽게 끝나지 않는 것은 하나같이 자신이 잘못한 것은 다른 사람도 그렇게 할 것이라고 정당화하면서 자기가 잘했다고 생각하는 것은 자기니까 그렇게 할 수 있었다고 자기중심적으로 생각하기 때문이다.

자기중심적인 사고에서 벗어나 좋은 관계를 유지하려면 허구적 일치성 효과와 허구적 독특성 효과, 이 두 가지의 착각에서 벗어나야 한다. 그리고 자신의 생각과 행동을 보다 객관적으로 확인할 수 있어야 한다.

허구적 일치성과 허구적 독특성의 함정에서 벗어나려면 몇 가지를 유념해야 한다.

첫째, 자신의 생각이나 판단이 틀릴 수 있음을 받아들여야 한다. 문제 해결의 첫 단계는 문제가 있음을 인정하는 것이다.

둘째, 자신과 생각이 다른 사람들에게 피드백을 적극적으로 요청하고 수용해야 한다.

셋째, 개방적인 마음을 갖고 자신과 다른 생각이나 경험, 문화, 배경을 가진 사람들과 교류해야 한다.

 **KEY POINT**

허구적 일치성 효과는 다른 사람들도 자신과 같이 생각하고 행동할 것이라고 믿는 착각이다. 반면 허구적 독특성 효과는 자기는 다른 사람들과 뭔가 다르다고 생각하는 착각이다. 허구적 일치성과 허구적 독특성은 완전히 다른 내용인 것 같지만, 사실 두 가지 모두 자존감 보호를 위한 자아 방어 기제다. 이 두 가지의 착각 모두 합리적인 판단을 방해하기 때문에 착각이 발생하는 심리적 이유를 이해하고, 벗어날 수 있는 방법을 모색해야 한다.

34

몇 다리 건너 들은 것에 속지 마라

| 완결성의 법칙 |

들은 것은 아무것도 믿지 말고, 본 것의 절반만 믿어라.

- 에드거 앨런 포

사실 보도를 누구보다 중시하는 언론도 사실에 막연한 추리를 첨가해 와전된 내용을 보도하는 경우가 많다. 서해 페리호 침몰 사건 때 모든 언론은 사고 선박의 선장이 살아 있다고 대대적으로 보도했다. "사고 후 선장처럼 생긴 사람을 봤다"라는 주민의 진술을 토대로 선장이 살아 있다고 단정한 것이다.

삼풍백화점 사고의 생존자가 "콜라를 먹고 싶다"라는 말을 했을 때도 몇 단계를 거쳐 "그동안 콜라를 마시면서 버텼다"라고 보도하기도 했다.

일상생활에서 사람들이 말을 전하면서 사실이 와전되는 일은 매우 흔하다. "너만 알고 있어"라고 말해 주면, 전해 들은 사람 역시 똑같은 말을 하면서 남에게 말을 전한다. 자기만 아는 사실을 마음속에 간직하기란 그만큼 어렵다. 하지 말라고 하면 더 하고 싶은 것이 사람의 심리다. 제대로나 전하면 좋을 텐데 몇 다리 건너면서 너무 달라진 말이 처음 전했던 사람에게 돌아가 싸움이 나기도 한다.

기억은 추리로 왜곡된다

"누가 술집에서 병을 깨뜨렸다"라는 말이 몇 사람 거치면 "그 사람이 술병을 집어던졌대"에서 "그 사람이 화가 어찌나 심하게 났는지 술병을 집어던져 사람이 다쳤대"로 와전된다. 술집이었으므로 술병일 것이고, 병을 던지는 것은 화가 났기 때문이고, 병을 던졌으면 누군가 다쳤을 것이라고 추리하기 때문이다.

사람들은 들었던 내용이 불확실하면 그것과 관련된 내용을 추리해서 기억한다. 거짓 기억을 만들어 내는 추리는 책을 읽을 때도 흔하게 나타난다. 그래서 똑같은 내용을 읽었어도 각기 다르게 기억하는 것이다.

사람의 기억이 추리를 통해 왜곡된다는 사실을 간단하게 증명할 수 있다. 다음의 이야기를 보자.

1. 프로보는 프랑스에 있는 그림 같은 왕국이다.
2. 콜만은 프로보의 왕위를 계승할 사람이다.
3. 그는 기다리기에 매우 지쳤다.
4. 그는 청산가리가 매우 좋을 것이라고 생각했다.

시간이 지난 다음 이 문장들을 회상하면 사람들은 왕위를 기다리는 콜만이라는 사람이 청산가리로 선왕을 살해하려 했다고 이야기한다. 문장 3에서 콜만이 기다리기에 지친 것은 왕위 계승이 빨리 되지 않았기 때문이라고 추론하는데, 이는 앞 문장이 추론 과정에 관여하기 때문이다. 이어서 청산가리가 독약이라는 것을 추리해 콜만이 왕을 독살하는 데 이것을 쓸 것이라고 결론을 내린다.

나는 학생들을 대상으로 소문이 잘못 전해지는 과정을 확인하기 위한 실험을 진행한 적이 있다. 실험에서 "신갈 사거리에서 아주머니가 몰고 가는 덤프트럭을 젊은 남자가 운전하는 티코가 들이받아 경찰이 숨졌대"라는 말이 "용인에서 교통사고가 났는데 여자 한 명이 죽었고 경찰차가 달려왔대"라는 말로 바뀌었다. 불과 10분도 걸리지 않았고, 6명밖에 거치지 않았음에도 메시지의 내용은 전혀 다른 것으로 바뀐 것이다.

신갈은 용인에 있으니까 신갈을 기억하지 못해 용인으로 바꿨을 것이고, 티코는 작으니까 남자가 아니라 여자가 운전했다고 생각했을 것이다. 그러니 트럭이 티코를 들이받아 운전하던 여자가 사망했다고 추측하는 것이다. 이처럼 뭔가 부족하다고 생각하는 정보를 채워 넣어 그럴듯하게 완성시키는 심리를 '완결성의 원리(Principle of closure)'라고 한다.

로프터스라는 심리학자는 사람들에게 스포츠카가 달리는 장면을 찍은 영상을 보여 주고 목격 장면에 대한 기억이 어떻게 왜곡되는지를 연구했다.

대학생들에게 영상을 보여 준 다음 한 조건에서는 "스포츠카의 시속은 얼마나 될까요?"라고 질문했고, 다른 조건에서는 "창고 앞에서 스포츠카의 시속은 얼마나 될까요?"라고 질문했다.

로프터스는 일주일이 지난 다음 대학생들에게 그 영상에서 창고를 봤는지 물었다. 그 결과, 두 번째 조건의 사람들 중 무려 17%가 창고를 봤다고 대답했다. 그러나 첫 번째 조건의 사람들은 겨우 3%만이 창고를 봤다고 대답했다.

사실 그 영상에는 창고가 등장하지 않았다. 영상을 보여 준 직후에 로프터스가 "창고 앞에서"라고 말했기 때문에 사람들이 실제로 창고를 봤다고 착각했고, 그 말이 사람들의 기억을 왜곡시킨 것이다.

이 연구 결과는 사람들이 경험한 것을 정확히 그리고 객관적으로 기억하지 못함을 설명한다. 이런 점 때문에 법정에서 목격자의 증언만 증거로 삼는 것은 문제가 될 수 있다. 변호사나 검사의 질문 방식 그리고 목격자의 주관적인 추리에 의해 증인의 기억은 얼마든지 왜곡될 수 있기 때문이다.

지금까지는 우리가 보거나 들은 것을 회상하는 과정에서 기억이 어떻게 왜곡되는지를 살펴봤다. 이제부터는 근거도 없는 소문이나 전하지 말라는 말들이 퍼져 나가는 이유를 알아보자.

나만 모르는 정보와 나만 아는 정보가 우위를 가른다

사람들이 제일 싫어하는 사람은 잘난 체하는 사람이다. 이 사실을 모르는 사람은 아무도 없다. 그럼에도 잘난 체하고 싶은 것이 사람의 심리다. 많이 알면 그만큼 자존심도 고양되며, 상대보다 우위를 확보한다고 믿기 때문이다.

그래서 사람들은 우스개 유행어를 기를 쓰고 외워서 남들에게 전하려고 애쓴다. 잘 알지도 못하는 영화나 책을 보고 자랑하는 것도 정보의 양이 우위를 결정한다고 믿기 때문이다.

회사에서 쓸모없는 직원이나 임원을 내쫓는 방법 중 가장 잔인한 방법은 남들이 다 아는 것을 그 사람만 모르게 정보를 차단하는 것이다. 회사에서 사직서를 내라고 윽박지르면 어떻게든 대항이라도 하겠지만, 그만두라는 말도 없이 소외만 시키니 당하는 사람은 그저 답답할 뿐이다.

내쫓을 사람이 선정되면 회사에서는 그 사람 곁에 새 인물을 배치해 업무를 인수할 준비에 들어간다. 어느 정도 시간이 지난 다음에는 대상 인물을 업무에서 소외시킨다. 회의 참가자 명단에서 뺀다거나 회사 운영 정보를 제공하지 않음으로써 정보의 기아 상태를 만든다. 그리고 마지막에는 대기 발령을 낸다.

이쯤 되면 눈치 빠른 사람은 회사를 그만두라는 신호를 알아차리고 스스로 사직서를 제출한다. 하는 일도 없이 아무 정보도 얻을 수 없는 자리에서 혼자서 버틸 수 있는 배짱 좋은 사람은 별로 없다.

사람들이 못마땅한 친구를 골탕 먹이기 위해 가장 흔하게 쓰는 수법 중 하나가 따돌리기다. 한 친구를 빼고 나머지 사람들이 수군대면 실제로 그를 괴롭히지 않더라도 당사자는 내심 스트레스를 받고 불안해하며 소외감을 느낀다. 따돌리는 것은 곧 정보를 차단하는 것이기 때문이다. 정보의 기아 상태는 사람을 불안하게 만들기 때문에 사람들은 자신과 직접적으로 관계가 없는 것에도 관심을 갖는다. 그리고 잘 알지 못하는 일이라도 꼭 한마디씩 거든다. 이 과정에서 부풀려진 말들은 또 다른 사람에게 전해진다.

모른다는 두려움은 사람들이 주변을 기웃거리게 만든다. 그렇기 때문에 나만 들은 소문이라면 그것을 드러내서 우위를 확보하고 싶은 것은 어쩌면 당연한 심리인지 모른다.

뭔가를 안다고 해도 그 정보의 내용이 모호하고 불확실하면 스트레스를 받는다. 불확실하고 모호한 내용을 남에게 전할 때는 자신감도 없어지며, 설득력을 잃는다. 얻어들은 정보를 더 정교화하고 분명히 할 필요가 생기기 때문에 "그랬는지 몰라"와 같은 내용이 "그랬어"처럼 분명한 말로 바뀐다.

부정확한 지각, 기억의 왜곡, 불확실성에 대한 불안, 보다 그럴듯한 정보로 완성하려는 완결성, 남다른 정보를 알고 있다는 과시 욕구 등이 복합적으로 작용하면서 소문은 퍼질수록 커지고 와전된다. 그러므로 말을 전할 때뿐만 아니라 말을 전해 들을 때도 사실과 다른 정보들이 전달될 수 있음을 유념하면서 출처와 사실을 확인해야 한다. 그리고 특히 말을 전달할 때는 정보가 잘못됐을 때의 파급 효과를 고려하면서 신중해야 한다.

35

독이 되는 스트레스 약이 되는 스트레스

| **이차적 평가** |

세상에 좋거나 나쁜 것은 없다.

단지 생각이 그렇게 만들 뿐이다.

- 윌리엄 셰익스피어

보통 사람들은 누구나 어쩔 수 없이 스트레스를 안고 살아가야 하는 숙명을 지니고 태어난다. 적당한 스트레스는 삶의 보람을 느끼게 하며, 생활의 활력소가 될 수 있다. 따라서 스트레스가 없어야 한다고 생각하기보다는 이것을 어떻게 해석할지를 검토하고 효과적인 대처 방법을 찾는 것이 좋다.

스트레스의 근원을 찾아내서 그것을 제거할 수 있으면 다행이지만, 그럴 수 없을 때는 자신의 대처 방법을 검토하고 대안을 찾아야 한다. 마음먹기에 따라 화가 복이 되기도 한다. 살아가면서 겪는 스트레스를 줄이기 위해 어떻게 대처하는 것이 효과적인지를 살펴보자.

스트레스를 줄이는 여덟 가지 방법

○ 무엇이 스트레스를 주는지 파악한다.

적을 파악하고 나서 싸워야 이길 수 있듯이 스트레스를 효과적으로 극복하기 위해서는 자신이 받고 있는 스트레스가 무엇인지부터 파악해야 한다. 의외로 많은 사람이 무엇 때문에 스트레스를 받는지를 모른다.

과도한 업무 탓인지, 상사와의 관계가 원만하지 못하기 때문인지를 분명하게 알아야 문제 해결을 시도할 수 있다. 남들의 부탁을 거절하지 못하는 것이 자신이 너무 착하기 때문인지 아니면 모든 사람에게 인정과 사랑을 받고 싶기 때문인지 알기만 해도 거절을 못한 것 때문에 겪는 괴로움의 정도가 줄어들 것이다.

○ 자신의 반응 양식을 분석한다.

사람들이 경험하는 스트레스의 유형도 가지각색이지만, 스트레스를 받았을 때의 반응 또한 제각기 다르다. 어떤 사람은 엉뚱한 곳에서 분통을 터뜨리고, 다른 사람은 술을 마시거나 잠을 잠으로써 스트레스를 해소한다.

스트레스를 받았을 때 자신이 취하는 사고방식과 행동 그리고 그로 인한 결과들을 면밀히 검토하면 유사한 상황에서 효과적으로 대처할 수 있는 방법들을 더 많이 찾아낼 수 있다. 술주정이 심한 사람은 깨어나서 자신이 한 일을 잊어버리기 때문에 문제 행동을 반복한다. 자신의 술주정을 알아내기 위해 한 번만이라도 녹음을 해서 들어 본다면 술주정 때문에 겪는 후회감이나 괴로움은 현저하게 줄어들 것이다.

○ 직면한다. 그리고 해결책을 찾는다.

좋아하는 사람이 있어도 말 한마디 못하고 속만 끓이는 사람들은 '가만히 있으면 적어도 거절당하지는 않는다'는 사고방식을 갖고 있다. 하지만 이 사람들은 '가만히 있으면 얻는 것도 없다'는 진리를 모른다. 사랑이든, 공부든, 사업이든 원하는 것이 있으면 어렵다고 생각하더라도 일단은 직면하는 것이 중요하다.

인생을 괴롭게 사는 사람은 실패의 쓴맛을 무서워하기 때문에 만사를 포기하면서 산다. 그러나 성공적인 삶을 사는 사람은 실패할 가능성을 인정하고 새로운 해결책을 부단히 찾는다. 실패하는 사람들의 공통점은 비효과적인 방법을 반복한다는 것이고, 성공하는 사람들의 공통점은 해결책의 범위가 넓다는 것이다.

그래서 아인슈타인은 이렇게 말했다.

"같은 방법을 반복하면서 다른 결과를 기대하는 사람은 정신병자다."

○ 선택과 포기를 명확히 한다.

두 가지 이상의 요구 또는 두 가지 이상의 문제에서 하나를 선택해야 하는 상황에 처하면 사람들은 주저함과 불안감 및 분노, 좌절 등을 경험한다. 모든 일에서 다 잘할 수 없는 것이 당연한데도 사람들은 하찮은 문제와 중요한 문제를 혼동하고, 한 가지를 포기하지 못해서 심각한 스트레스를 받는다.

어차피 선택한 직장이고 그만두기도 어렵다면 다른 직장은 포기하고 지금 다니는 직장에 최선을 다하는 것이 현명하다. 그러나 지금의 직장이 정말로 마음에 안 들면 불평만 하지 말고 하루라도 빨리 사표를 써야 한다. 그만두지도 못하면서 불평 속에서 하루하루를 보내는 사람들은 선택과 포기를 명확히 하지 않았기 때문에 하루도 편할 날이 없다.

자신이 무엇을 진정으로 원하는 지를 분명히 하고, 선택할 것의 우선순위를 설정해 선택하지 않은 것을 과감하게 포기하면 갈등의 해결은 보다 쉬워질 것이다.

○ 마음먹기에 따라 화가 복이 된다.

불교에는 "일체유심조(一切唯心造)"라는 말이 있다. 이는 세상사 마음먹기에 달려 있음을 의미한다. 똑같은 경험이라도 사람마다 제각기 다르게 해석하고 입맛대로 평가한다. 새소리를 듣고도 어떤 사람은 '노래한다'고 하고, 어떤 사람은 '운다'고 한다. 같은 소리도 듣는 사람의 마음가짐에 따라 다르게 들리는 것이다. 그래서 스트레스는 자극 자체보다는 각 개인이 어떻게 해석하느냐에 따라 그 강도가 달라진다.

어떤 사건에 대한 해석은 두 가지 단계로 일어난다.

첫 번째 단계는 사건 자체에 대한 해석 과정으로 스트레스 상황에서 가장 먼저 나타나기 때문에 '일차적 평가(Primary Appraisal)'라고 한다. 실연당한 것을 인생의 파국으로 생각하느냐 아니면 인연이 없으니 다른 사람을 찾으라는 것으로 보느냐가 여기에 해당한다.

두 번째 단계는 자신의 대처 능력에 대한 해석으로 일차적 평가 다음에 나타나기 때문에 '이차적 평가(Secondary Appraisal)'라고 한다. 실연해서 더는 여자를 만날 수 있는 능력이 없다고 보는지 아니면 실연 경험을 살려 보다 이상적인 상대를 찾아 나설 수 있다고 보는지가 여기에 해당한다.

이 두 단계로 해석 과정이 달라지기 때문에 비슷한 역경에서도 어떤 사람은 포기를 하고 어떤 사람은 도전 방법을 모색하는 것이다.

○ 암묵적인 규칙에서 벗어난다.

우리가 일상생활에서 얼마나 많은 마음속의 규칙을 따르고 생활하는지를 생각해 본 적이 있는가? 밥은 하루에 세 끼를 먹어야 한다거나, 남에게 바보처럼 보이지 않아야 한다거나, 친구가 농담을 하면 웃어 줘야 한다는 등 우리는 수없이 많은 규칙 속에서 살아간다.

이런 규칙들은 대부분 암묵적으로 지켜지며, 많은 사람이 공유하는 관념이기도 하다. 하지만 이런 규칙들을 지키려는 노력이 스트레스의 주요인이 될 수 있다. 자신의 암묵적인 규칙들에 지나치게 충실한 사람은 자신뿐 아니라 다른 사람에게도 자기의 규칙을 강요한다. 그리고 그것이 지켜지지 않으면 실망하거나 분노한다.

'~해야만 한다'는 생각이 '~할 수도 있다'는 생각으로 바뀌면 스트레스는 한결 줄어든다. '나는 이렇게 해야만 한다'고 생각하면 길이 하나밖에 없다. 그러나 '이렇게 할 수도 있지'로 바꾸면 한결 여유가 생긴다. 남에게 요구할 때도 마찬가지다. "당신은 이렇게 해야만 돼"라고 요구하면 선택의 여지가 없기 때문에 반발심이 생긴다. 그렇지만 "그렇게 할 수도 있지. 그런데 이렇게 할 수도 있어"라고 하면 상대의 생각을 수용할 뿐 아니라 선택의 여지를 남기기 때문에 요구하는 사람에 대한 반발심도 줄어든다. 암묵적인 규칙에서 융통성을 발휘하는 사람은 스스로에게나 타인에게 여유를 가질 수 있다.

○ 노는 것을 효율적으로 한다.

공부가 안된다고 하는 학생들을 잘 관찰해 보면 공부하는 시간보다 노는 시간을 처리하는 데 더 문제가 많다는 것을 알 수 있다. 공부해야 한다고 걱정하면서도 TV에서 눈을 떼지 못하는 학생의 경우 눈은 TV에 가 있지만, 공부에 대한 걱정을 떨치지 못하기 때문에 공부도 못 하고 놀지도 못 한다. 놀 때는 놀고, 공부할 때는 공부에만 전념할 수 있어야 스트레스를 적게 받는다. 공부가 안된다고 하는 학생에게는 효과적으로 노는 것부터 가르쳐야 한다.

대부분의 사람은 인생의 심각한 문제 때문에 휴식 시간을 관리하는 것에는 거의 관심을 갖지 못 한다. 휴가 기간에도 체면치레 때문에 휴가 전보다 더 심각한 스트레스에서 헤어나지 못하는 경우가 허다하다. 이런 사람들은 놀이를 일처럼 생각하기 때문에 놀면서도 스트레스를 받는다. 노는 것도 자기 나름대로 형편이나 분수에 맞는 것을 찾으면 헤아릴 수 없이 많다. 과시하기 위해 자랑할 수 있는 놀이를 찾아 헤매는 사람들에게는 논다는 것 역시 골칫거리인 것이다.

○ 스트레스는 해롭다고 생각할 때 해롭다.

똑같은 스트레스 상황에서도 어떤 사람은 심각한 영향을 받고 어떤 사람은 별로 영향을 받지 않는다. 오히려 스트레스 때문에 더 성장하고 발전하는 사람들도 있다. 이유가 무엇일까? 생각이 다르기 때문이다.

심리학자 켈리 맥고니걸은 스트레스 그 자체보다 스트레스가 해롭다는 믿음이 건강에 훨씬 더 해롭다는 사실을 여러 연구를 통해 밝혀냈다. 그녀는 8년 이상 3만여 명을 대상으로 한 조사에서 스트레스를 경험한 사람은 스트레스를 경험하지 않은 사람보다 사망률이 43%나 높다는 사실을 확인했다. 그러나 중요한 사실은 그 수치가 '스트레스가 해롭다'고 믿는 사람에게만 해당한다는 것이다.

참가자 중 스트레스가 건강에 치명적이라고 응답한 사람들의 사망률이 가장 높았고, 해롭지 않다고 응답한 사람들은 별로 영향을 받지 않았다. 그뿐만 아니라 똑같은 스트레스를 두고도 스트레스가 긍정적으로 작용한다고 믿는 사람들은 더 건강하며 행복한 모습을 보였다. 스트레스가 오히려 활력소로 작용한 것이다.

결론적으로 스트레스는 '스트레스가 해롭다'는 믿음이 결합할 때만 해롭게 작용한다. 생각을 바꾸면 스트레스는 독이 아니라 오히려 약이 된다.

KEY POINT

스트레스는 가벼운 우울증에서부터 치명적인 암에 이르기까지 만병의 근원으로 알려져 있다. 그런데 중요한 것은 똑같은 스트레스 상황에서도 어떤 사람들은 심각한 영향을 받고, 어떤 사람들은 영향을 별로 받지 않을 뿐 아니라 오히려 더 성장하고 발전한다. 상황 자극과 자신에 대한 생각이 다르기 때문이다. 그러므로 스트레스의 영향력에서 벗어나려면 그리고 스트레스의 영향을 역이용하려면 상황 자극과 자신에 대한 생각을 검토하고, 스트레스에 대한 대처 능력을 길러야 한다.

Change Life? Change Frame!

관점이 달라지면 태도가 달라지고

태도가 달라지면 행동이 달라지고

행동이 달라지면 인생이 달라진다.